DESPIERTA TU INTELIGENCIA

Otros libros de Brian Tracy

Conecta con el dinero

Conecta con la motivación

Conecta con los demás

Si lo crees, lo creas

El plan Fénix

Multiplica tu dinero

Emprende tu propio negocio

Acierta

Las leyes de la suerte

¡Manos a la obra!

Habla menos, actúa más

Toma el control de tu vida

Autor bestseller de *The New York Times*

BRIAN TRACY

DESPIERTA TU INTELIGENCIA

Cómo pensar, decidir y lograr
mejores resultados en todo lo que haces

El papel utilizado para la impresión de este libro ha sido fabricado a partir de madera procedente de bosques y plantaciones gestionadas con los más altos estándares ambientales, garantizando una explotación de los recursos sostenible con el medio ambiente y beneficiosa para las personas.

Despierta tu inteligencia

Cómo pensar, decidir y lograr mejores resultados en todo lo que haces

Título original: *Get Smart!: How to Think and Act Like the Most Successful and Highest-Paid People in Every Field*

Primera edición: febrero, 2025

penguinlibros.com

ISBN: 978-607-385-425-2

Impreso en México – *Printed in Mexico*

Índice

Introducción. Libera el esplendor cautivo 9

Capítulo 1. La perspectiva a largo plazo vs. la perspectiva a corto plazo. 17

Capítulo 2. El pensamiento rápido vs. el pensamiento lento. 35

Capítulo 3. El pensamiento informado vs. el pensamiento desinformado 51

Capítulo 4. El pensamiento enfocado en metas vs. el pensamiento enfocado en reacciones. 63

Capítulo 5. El pensamiento enfocado en los resultados vs. el pensamiento enfocado en la actividad 83

Capítulo 6. El pensamiento positivo vs. el pensamiento negativo. 101

Capítulo 7. El pensamiento flexible vs. el pensamiento rígido 121

Capítulo 8. El pensamiento creativo vs. el pensamiento mecánico 143

Capítulo 9. El pensamiento de emprendedor vs. el pensamiento corporativo 163

Capítulo 10. La forma de pensar del rico vs. la forma de pensar del pobre. 175

Introducción

Libera el esplendor cautivo

La verdad está en nosotros, no viene de fuera,
de lo exterior, creas lo que creas.
En nosotros hay un centro profundo,
en el que la verdad mora en plenitud y [...]
[...]
Saber
consiste en abrir un camino
por el que el esplendor cautivo escape,
por el que entre la luz que
debiera estar afuera.
Robert Browning

William James, de la Universidad de Harvard, escribió: "El mayor descubrimiento de mi generación es que un ser humano puede cambiar su vida cambiando su actitud mental".

Tú y tu mente son extraordinarios. Tienes 100 000 millones de células cerebrales que, a través de ganglios y neuronas, están conectadas a otras casi 20 000 células. Gracias a esto, puedes llegar a tener una cantidad de pensamientos igual a 100 000 millones a la 20 000ª potencia.

De acuerdo con el psicólogo británico Tony Buzan, esto significa que la cantidad de ideas que puedes generar es igual a un 1 seguido de 8 páginas de ceros, es decir, tienes un potencial para una cantidad de ideas mayor al número de moléculas existentes en el universo conocido.

La pregunta es: "¿De qué manera estás usando esta poderosa supercomputadora mental?".

En este momento tienes la habilidad mental necesaria para establecer cualquier meta y lograr cualquier cosa que hayas deseado o esperado obtener en la vida. Si usas tu cerebro y aplicas con más precisión tu capacidad de pensar, planear y crear, podrás resolver cualquier dificultad, superar todos los obstáculos y lograr cualquier objetivo que te propongas.

Tu supercomputadora mental es tan poderosa, que no podrías aprovechar todo su potencial aunque vivieras 100 vidas.

SOLO 10% DEL POTENCIAL

Cuando tenía 21 años me impresionó mucho escuchar que la persona promedio solo usaba 10% de su habilidad mental. Después aprendí que el verdadero porcentaje es más cercano a 2. La mayoría de la gente tiene una enorme reserva de capacidad mental que no usa, que está guardando por alguna razón desconocida.

Imagina que heredas una cuenta bancaria con un millón de dólares y que crece de manera regular gracias a los intereses, pero que solo tienes acceso a 20 000 dólares porque no cuentas con el número correcto de la cuenta y no puedes liberar todos los recursos.

Esta es la situación en que vive la mayoría de las personas, tienen almacenada una enorme cantidad de habilidad mental que no usan.

En las siguientes páginas aprenderás una serie de métodos sencillos, prácticos y probados para aprovechar la mayor cantidad posible de tus habilidades y talentos mentales. No necesitas ser más de lo que eres ni transformarte en una persona distinta, solo tienes que ser todo lo que ya eres y desatar una mayor cantidad de tus poderes mentales.

APRENDE LAS COMBINACIONES

La vida es como una cerradura de combinación, la diferencia es que tiene muchos más dígitos que una cerradura simple. Todas las cerraduras funcionan de la misma forma, colocas el primer dígito, luego el segundo y luego el tercero; y si colocas los dígitos correctos, la cerradura se abre, sin importar si se trata del candado de una bicicleta o de la puerta de la bóveda central de un banco internacional.

Imagina que, excepto por uno, conoces todos los dígitos del código que necesitas para tener éxito en todo lo que hagas. Como solo te hace falta uno, podrías pasarte la eternidad girando los discos de la cerradura sin poder acceder a la riqueza existente en tu bóveda mental. Pero si contaras con el dígito faltante y giraras los discos hasta marcar el orden correcto, la bóveda se abriría y podrías lograr cosas extraordinarias en tu vida.

Este libro contiene algunas de las mejores combinaciones que se han descubierto en cuanto a herramientas mentales que te permiten dar saltos cuánticos en la vida. En muchos casos, lo único que te impide lograr lo que quieres es tu perspectiva, tu manera particular de ver las cosas.

PENSAMIENTO RÍGIDO

El doctor Martin Seligman, de la Universidad de Pennsylvania, le llama "pensamiento rígido" a la manera en que te explicas las cosas o las interpretas para ti mismo.

Esto puede ser tan simple como la diferencia entre el optimismo y el pesimismo, como ver el vaso medio lleno o medio vacío. Mientras el optimista busca lo bueno, lo que se puede ganar en cada situación, el pesimista busca el problema o las desventajas de todo.

Josh Billings, el humorista estadounidense, dijo en una ocasión: "Lo que le hace daño a un hombre no es lo que sabe, sino lo que sabe que no es verdad".

La ignorancia no es la gloria. No poder usar las herramientas y los estilos del pensamiento adecuados en un área o situación en particular puede ser desastroso y, con frecuencia, conduce al fracaso rotundo.

BUSCA LO BUENO

Muy a menudo, cuando cambias de perspectiva ves las cosas de manera distinta, tomas otras decisiones y obtienes resultados que no esperabas. Napoleon Hill, autor del exitoso clásico *Piense y hágase rico*, dijo: "En todos los problemas y dificultades hay una semilla que trae consigo beneficios o ventajas iguales, o incluso mayores".

Después de entrevistar a más de 500 multimillonarios estadounidenses que amasaron sus fortunas por sí mismos, Hill descubrió que tenían ciertas cualidades en común. Uno de los denominadores comunes de las personas que participaron en esta investigación era que habían desarrollado el hábito de siempre buscar una lección valiosa en los contratiempos o dificultades que enfrentaban, y que siempre la encontraban.

En la mayoría de los casos, los multimillonarios lograron amasar sus fortunas porque aplicaron las lecciones aprendidas a través de los fracasos y las dificultades que enfrentaron mientras desarrollaban los innovadores productos y servicios que más adelante los volvieron ricos. De no ser por los fracasos pasajeros y las lecciones en ellos contenidas, esas personas seguirían trabajando como asalariadas.

Aquí te mostraré una manera sencilla de transformar tu pensamiento para que sea como el de la gente más positiva y exitosa de nuestra sociedad. Piensa en el problema más grande que tengas en tu vida en este momento, luego imagina que ese problema te fue enviado, como si fuera un regalo, para enseñarte algo. Pregúntate: "¿Qué lección o lecciones puedo aprender de esta situación para ser más feliz y exitoso en el futuro?".

Tal vez tu mayor problema actual no sea un problema en absoluto, quizá se trate de una oportunidad. Henry Ford solía decir: "El fracaso es solo una oportunidad para empezar de nuevo de una manera más inteligente".

UNA PERSPECTIVA DISTINTA

Seguro has escuchado la historia de los seis hombres sabios y ciegos que trataron de describirse entre sí a un elefante. Todos lo tocan y lo describen de manera distinta y, aunque ninguno se equivoca, cada uno lo retrata de acuerdo con su perspectiva individual.

Uno toca la oreja y dice que el elefante es como una cobija gruesa, otro toca un colmillo y describe al elefante como puntiagudo y afilado. Otro más siente la pierna y dice que se trata del tronco de un árbol. Uno toca uno de sus costados y lo describe como un muro, mientras que el quinto toca la cola y dice que es una soga. El sexto sabio toca la cabeza y la describe como una roca. Cada uno tiene razón a partir de su perspectiva, pero todos se equivocan de muchas maneras más porque no logran ver al elefante ni la situación de manera total, integral.

¿Cuál es tu perspectiva, tu actitud respecto a ti mismo y tu mundo? Anaïs Nin escribió: "No vemos el mundo como es, sino como somos nosotros".

EL GRAN DESCUBRIMIENTO

Tal vez el mayor descubrimiento en la historia de la humanidad sea que "te conviertes en aquello en lo que piensas la mayor parte del tiempo". Tus creencias, sean positivas o negativas, útiles o hirientes, determinan en gran medida todo lo que haces y la manera en que lo haces.

¿En qué piensas la mayor parte del tiempo y cómo piensas en ello?

Wayne Dyer escribió: "No crees lo que ves, ves aquello en lo que ya crees".

Jim Rohn, por su parte, dijo: "Todo lo que tienes en tu vida lo has atraído tú mismo a ella siendo la persona que eres. Y dado que puedes cambiar tu manera de pensar, puedes cambiar tu vida y también esa persona que eres".

El mensaje en el título de mi bestseller *Change Your Thinking, Change Your Life* (*Cambia tu forma de pensar, cambia tu vida*) no miente: a medida que aprendas y apliques estas distintas maneras de pensar, empezará a evolucionar la persona que eres por dentro.

Gracias a la ley de la correspondencia, "Lo que sucede dentro, sucede fuera", tu vida exterior comenzará a corresponder con tu vida interior y a reflejarla. A medida que esta cambie, tu vida exterior revelará tu nueva manera de pensar. Shakespeare escribió: "No existe nada malo ni bueno, lo único que lo hace malo o bueno es el pensamiento".

Ahora, empecemos a aprender de qué manera piensa la gente más exitosa y feliz para que tú también hagas lo que ella y obtengas los mismos resultados y recompensas.

Capítulo 1

La perspectiva a largo plazo vs. la perspectiva a corto plazo

> La gente está ansiosa por mejorar sus circunstancias, pero no está dispuesta a mejorar ella misma y, por lo tanto, continúa atada. Quien esté dispuesto a vivir la autocrucifixión siempre logrará aquello en lo que ha fijado su corazón. Esto es cierto tanto en el caso de lo terrenal como de lo celestial. Incluso aquel cuyo único objetivo sea adquirir riqueza deberá estar preparado para hacer sacrificios personales muy importantes antes de lograr su objetivo, sobre todo si lo que desea es tener una vida vigorosa y bien equilibrada.
>
> James Allen

Entre mejor pienses, mejores resultados obtendrás y más exitoso serás en todas las áreas. La única medida de importancia, la única forma de evaluar la calidad de tu pensamiento es ponderando tus resultados, es decir, los efectos de lo que te propones hacer una vez que tomas una decisión.

En una ocasión, el economista Milton Friedman escribió: "El mejor indicador de la calidad de tu pensamiento es tu habilidad de predecir de manera precisa las consecuencias de tus ideas y de tus acciones subsecuentes". Lo que quería decir era que la teoría económica se separaba de lo que en realidad sucedía cuando esta se aplicaba y, de manera evidente, resultaba incorrecta.

¡Los resultados lo son todo! La única pregunta que importa es: "¿Tu idea funcionó o no?".

Algunas personas están confundidas respecto a la importancia de los efectos a largo plazo, piensan que lo más importante son sus intenciones, no los resultados. De hecho, esta noción es fuente de un gran desconcierto en nuestra sociedad en la actualidad.

Muchos dicen cosas como: "Si mi intención es que, como resultado de mis ideas, decisiones y acciones suceda algo bueno, pero luego no sucede, entonces no puedes culparme".

Tu habilidad de prever y predecir de manera precisa las consecuencias de tus decisiones y acciones es el parámetro con que se mide tu inteligencia.

¿QUÉ ES LA INTELIGENCIA?

La inteligencia no tiene que ver con el cociente intelectual (CI) ni con los años de estudio. La inteligencia es, más bien, una "forma de actuar". Esto significa que si actúas de manera perspicaz, eres inteligente, y si no, eres estúpido, independientemente de las calificaciones y las mediciones y los exámenes del CI.

Pero entonces, ¿qué sería un acto inteligente por definición? La respuesta es simple, un acto inteligente es algo que haces y que te acerca a lo que en verdad anhelas. Un acto estúpido es algo que no te acerca a ello o, incluso peor, te aleja.

Sean inteligentes o estúpidos, tú eres quien define tus actos, y lo haces cada vez que decides qué quieres y qué no. Winston Churchill dijo: "Hace mucho tiempo dejé de escuchar lo que la gente decía y empecé a ver lo que hacía. El comportamiento es la única verdad".

LA ACCIÓN LO ES TODO

¿Cómo puedes saber lo que una persona en verdad quiere, piensa, siente y cree, o con qué está en verdad comprometida? Basta con observar sus acciones. Lo que cuenta no es lo que la gente dice, desea, espera o pretende, sino lo que hace y, en especial, lo que hace cuando se enfrenta con la tentación o se encuentra bajo presión.

Alguien, por ejemplo, puede decir: "Quiero tener éxito en mi carrera y mi vida", y en realidad creerlo. Sin embargo, cuando observas su comportamiento, te das cuenta de que llega al trabajo solo un minuto antes de la hora de entrada, se va en cuanto se anuncia la salida y se apresura a ir a casa para no perderse el último episodio de su programa de televisión favorito. Con base en este comportamiento, es evidente que su objetivo no es tener éxito en su carrera y su vida, sino ver televisión. ¿Cómo lo sabes? Porque eso es justo lo que hace todas las noches en cuanto sale de trabajar.

¿FUNCIONÓ?

La única forma real de medir tus decisiones y tus acciones es preguntándote: "¿Funcionó?". Con base en tu pensamiento, ¿tu acción te movió hacia algo que deseas o es importante para ti?

Hay dos leyes con las que la gente se confunde todo el tiempo en su vida personal, en la política y los asuntos internacionales. Son la ley de las consecuencias inesperadas y la ley de las consecuencias perversas.

En su obra clásica, *Economics in One Lesson*, el economista Henry Hazlitt afirmó que los seres humanos se buscaban a sí mismos y, por lo tanto, cada una de sus acciones era un intento por mejorar de alguna manera sus condiciones propias. La gente siempre busca la manera más rápida y sencilla de obtener lo que quiere, pero pensando muy poco en las consecuencias.

Hazlitt dijo que el resultado deseado de cualquier acción era siempre una mejora de algún tipo a las condiciones. La mejora es el primer efecto que se intenta provocar y siempre es positiva. Todas las acciones se enfocan en una mejora o progreso de algún tipo.

TOMA EN CUENTA LAS CONSECUENCIAS

Sin embargo, lo más importante son las consecuencias secundarias y terciarias, es decir, lo que pasa luego y lo que pasa después de eso. La ley de las consecuencias inesperadas dice que, en muchos casos, un acto o comportamiento genera resultados positivos inmediatos, o sea, a corto plazo, sin embargo, las consecuencias a largo plazo pueden ser muy negativas.

Digamos, por ejemplo, que un joven abandona la escuela para trabajar, ganar dinero y comprarse un automóvil porque quiere socializar, salir con chicas y tener una vida agradable. Todos estos logros de los que la gente joven quiere disfrutar son positivos e inmediatos. No obstante, las consecuencias de carecer de educación superior suelen implicar toda una vida de salarios insuficientes, poca movilidad ascendente y una elevada probabilidad de que el individuo nunca aproveche todo su potencial.

ALGO MUCHO PEOR

La ley de las consecuencias perversas es lo que sucede cuando los resultados de una acción, en apariencia positiva, provocan una situación mucho más desventajosa que la que se habría presentado si no se hubiera hecho nada para empezar.

En nuestra sociedad, por ejemplo, darle dinero a la gente que lo necesita tiene un beneficio inmediato porque esas personas reciben ayuda a corto plazo. Sin embargo, también hay consecuencias perversas. El individuo en cuestión puede volverse adicto al "dinero gratuito", abandonar la fuerza laboral, volverse dependiente de la caridad y perder su orgullo, su autoestima y el respeto por sí mismo. En pocas palabras, la persona termina mucho peor que si no se le hubiera ayudado.

La principal razón por la que existen programas sociales, como la entrega de dinero a los menos afortunados, es porque se intenta ayudarles a mejorar su calidad de vida. No obstante, las consecuencias perversas pueden dar paso a toda una vida de dependencia y potencial frustrado.

PIENSA CON ANTICIPACIÓN

En el ajedrez hay tantas piezas y jugadas posibles, que tu éxito depende de tu habilidad de anticipar o predecir con precisión las jugadas de tu oponente.

En la vida, tu éxito depende en gran medida de tu capacidad de "restarle importancia al tablero" y de realizar las jugadas que te conduzcan a la victoria, sea cual sea tu definición de esta.

El doctor Edward Banfield de Harvard estudió durante casi 50 años la movilidad social y económica en Estados Unidos y otros países para tratar de averiguar la razón por la que, de una generación a otra, algunos individuos y familias ascendían y pasaban de una clase socioeconómica baja a una más elevada. En algunos casos, los individuos empezaban trabajando como obreros, pero se volvían ricos después. ¿Por qué esto solo le sucedía a un grupo reducido y no a los otros?

En 2015, solo en Estados Unidos había más de 10 millones de millonarios y la gran mayoría había amasado su fortuna por sí misma, es decir, eran personas que empezaron con las manos vacías y rebasaron la marca del millón de dólares antes de fallecer. Asimismo, de acuerdo con la revista *Forbes*, en 2015 había 1 826 multimillonarios, de los cuales 290 llegaron a serlo ese mismo año. De esos multimillonarios, 66% eran ricos de primera generación y amasaron sus fortunas por sí mismos; empezaron sin nada y todo lo que obtuvieron lo produjeron a lo largo de su vida.

EL DENOMINADOR COMÚN

Edward Banfield quiso averiguar cuál era el denominador común entre estas personas en todo el mundo y logró resumir sus hallazgos en un libro extraordinario llamado *The Unheavenly City*. El libro fue muy criticado y controversial porque se oponía a lo que mucha gente quería creer, que la pobreza y la ayuda social les eran impuestas a víctimas inocentes que no tenían opción ni control sobre lo que les sucedía.

La conclusión de Banfield fue simple y, en gran medida, irrefutable. Al hacer un diagnóstico del éxito o fracaso económico de los individuos, llegó a la conclusión de que la "perspectiva temporal" era un factor de demasiada importancia.

El investigador dividió a la sociedad en siete clases que iban de la más baja a la más alta: clase baja-inferior, clase baja-superior, clase media inferior, clase media-media, clase media-superior, clase alta-inferior y clase alta-superior.

Resultó que, al ascender por cada uno de los niveles de logro socioeconómico, los individuos practicaban una perspectiva temporal cada vez más prolongada, es decir, independientemente de dónde provinieran, de su nivel de educación o de su situación actual, la única diferencia constante en sus condiciones de vida era su perspectiva temporal.

LA PERSPECTIVA TEMPORAL Y LOS INGRESOS

En el nivel socioeconómico más bajo, la clase baja-inferior, la perspectiva temporal solía implicar solo unas horas o minutos, como sucede con los alcohólicos o los adictos a las drogas sin remedio, quienes solo piensan en el siguiente trago o en su próxima dosis.

En el nivel más elevado, en cambio, entre las personas que eran ricas por segunda o tercera generación, la perspectiva temporal hacia el futuro implicaba muchos años, décadas e incluso generaciones. Las personas en ese nivel piensan casi todo el tiempo en el porvenir. Peter Drucker dijo que, en especial en los negocios, el principal trabajo de un líder era pensar en el futuro, y que solo a él le correspondía esa responsabilidad. Dado que eres líder, ya sabes qué hacer.

La investigación mostró que, cada vez que tomaban decisiones cotidianas, las personas en la cima de todas las sociedades se proyectaban a varios años e incluso décadas hacia el futuro. Antes de comprometerse a hacer algo importante o irrevocable, pensaron con cuidado lo que podría suceder.

Este es el gran descubrimiento: el simple acto de reflexionar con una visión a largo plazo agudiza tu perspectiva y mejora de forma dramática la calidad de tu toma de decisiones a corto plazo.

Dado que "te conviertes en lo que piensas", el simple hecho de pensar a largo plazo modifica tu manera de reflexionar y actuar en el presente, lo cual aumenta la probabilidad de que tengas mayor éxito en el futuro.

DEFINE TU INTENCIÓN A FUTURO

En 1994 Gary Hamel y C. K. Prahalad escribieron un original y exitoso libro sobre estrategias de negocios intitulado *Compitiendo por el futuro*. En ese libro, los autores popularizaron el concepto de la intención a futuro y escribieron: "Entre mayor claridad tengas respecto a dónde quieres estar en el futuro, más sencillo te será tomar las decisiones correctas en el presente".

Una de sus ideas más populares implicaba que si tu objetivo era ser líder en tu industria, debías proyectarte cinco años hacia el futuro y preguntar: "¿Qué habilidades, capacidades y competencias deberíamos tener dentro de cinco años para ser una de las empresas más trascendentes?".

Cuando tienes una clara intención a futuro, o sea, una orientación hacia el porvenir, te es más fácil pensar con claridad y tomar, en el presente, decisiones que te permitirán lograr tus metas a largo plazo.

El término esencial en la perspectiva a largo plazo es "sacrificio".

La gente exitosa está dispuesta a sacrificarse, a postergar la gratificación inmediata en el presente, a corto plazo, a cambio de disfrutar de mayores recompensas en el futuro, o sea, a largo plazo.

Si no cuentas con la fuerza de voluntad y la disciplina necesarias para comprometerte con una estrategia de "sufrimiento a corto plazo para obtener recompensas a largo plazo", es muy poco probable que tengas éxito.

LA CRISIS DEL RETIRO

Actualmente en Estados Unidos y otros países estamos sufriendo lo que los economistas denominan "la inminente crisis del retiro".

Solo en Estados Unidos, cada día 10 000 personas de la generación *baby boomer* están llegando a la edad del retiro y, de acuerdo con el diario *The New York Times*, los ahorros promedio de una pareja que llega a esta edad ascienden a solo 104 000 dólares.

Esta cantidad les tiene que durar entre 15 y 20 años una vez que se hayan jubilado, pero, al ritmo de retiro bancario recomendado de 4% por el resto de su vida, esa pareja solo puede retirar del banco y usar 4 160 dólares al año, es decir, 346 dólares al mes, sin contar la Seguridad Social.

Por otra parte, la cifra de 104 000 dólares es solo la media de los ahorros acumulados, en realidad, 50% de los retirados está por encima de esa cifra, 50% está por debajo, y algunos ni siquiera tienen ahorros. ¿Cómo pudo suceder esto en el país más próspero en la historia de la humanidad?

La respuesta es clara: hubo una falta de perspectiva. Millones de personas desarrollaron en una etapa temprana el hábito de gastar todo lo que ganaban o incluso más, y lo hicieron a lo largo de toda su vida. Hoy en día, 70% de los adultos vive de un cheque de nómina al siguiente, de un mes o quincena al otro. No les queda nada y se quejan de que les "sobra demasiado mes a finales del dinero".

A estas personas les hicieron creer que las consecuencias de sus hábitos de gasto, es decir, de su despilfarro, nunca llegarían.

EL MULTIMILLONARIO DE LA CASA DE JUNTO

En la actualidad, muchos millonarios y multimillonarios son gente asalariada promedio de la clase media que vive en casas ordinarias y vecindarios comunes. Muchos son maestros, conductores de camiones y vendedores, pero ahorraron entre 10 y 15% de sus ingresos a lo largo de toda su vida, y ahora son adinerados y pueden vivir en una situación acomodada.

Gracias al milagro del interés compuesto, una inversión de 100 dólares al mes, al 7 u 8%, realizada entre los 21 y los 65 años, con el crecimiento promedio de la bolsa de valores a lo largo de 80 años, produciría ahorros por más de un millón de dólares.

El desarrollo de la perspectiva a largo plazo, de la habilidad de proyectar hacia el futuro, a 10 años adelante o incluso más, modifica tu manera de pensar y actuar en el presente.

DUPLICA TUS INGRESOS

En *Double Double*, el libro de Cameron Herold publicado en 2011, el autor te enseña a duplicar el tamaño de tu negocio en tres años. Su mensaje es muy sencillo, te recomienda proyectar tres años hacia el futuro y proponerte, pasado ese periodo, ganar el doble de lo que ganas en el momento de la proyección. Esto equivale a un incremento de 25% compuesto por año.

Luego debes trabajar a la inversa, del futuro al presente, y determinar los pasos precisos que tendrás que dar para lograr tu objetivo. Si aumentas tus ingresos o haces crecer tu negocio 2% al mes, 26% al año, los duplicarás en tres años.

Si estás trabajando y aumentas tu productividad, tu desempeño y tus resultados entre 0.5 y 1% a la semana, tu esfuerzo se traducirá en 2% al mes, 26% al año, y te permitirá duplicar tus ingresos en 36 meses.

DEL FUTURO HACIA ATRÁS

Para que empieces a desarrollar la perspectiva a largo plazo necesitas practicar la mentalidad "del futuro hacia atrás". Imagina que tienes una varita mágica y que puedes hacer que tu vida sea perfecta en algún momento en el futuro. ¿Cómo sería tu vida si fuera perfecta? ¿Qué tan diferente sería de la que vives ahora?

Ahora vuelve al presente y pregúntate: "¿Qué tendría que suceder, empezando desde hoy, para que en el futuro pueda tener la vida perfecta con que sueño?".

Practica la "idealización", imagina que no hay límites para lo que puedes lograr en el futuro. Analiza las cuatro áreas más importantes de tu vida: *1)* tu negocio y tu carrera; *2)* tu familia y tus relaciones personales; *3)* salud y condición física, y *4)* la independencia financiera.

TU FANTASÍA A CINCO AÑOS

Peter Drucker dijo: "La gente suele subestimar lo que puede lograr en un año, pero, en mayor medida, subestima lo que podría lograr en cinco".

Una vez que tengas claridad respecto a cuáles serían tus ingresos y tu situación profesional ideal dentro de cinco años, mira de vuelta al presente y piensa en los pasos que tendrías que dar para ir, del punto donde te encuentras ahora, al lugar donde quieres estar en el futuro.

Da el primer paso. Esto es lo mejor de todo: siempre puedes ver el primer escalón. Para empezar a subir una escalera, por ejemplo, no tienes que ver todos los escalones al mismo tiempo, solo el primero. Después de pisar ese primer escalón, aparece el segundo y luego el tercero. Siempre puedes ver un paso adelante, es todo lo que necesitas. Pero primero *debes* dar el primer paso.

Confucio dijo: "El viaje de las mil leguas empieza por el primer paso". El primer paso es siempre el más difícil porque hacer algo más, algo distinto a lo que has hecho, exige una determinación y fuerza de voluntad tremendas. No obstante, una vez que das el primer paso, el siguiente es más sencillo. Luego el tercero, y poco después descubres que estás avanzando de manera constante y que, en unos cuantos meses, has logrado más de lo que lograste en todos los años anteriores.

TU FAMILIA Y TUS RELACIONES PERSONALES

Agita tu varita mágica de nuevo e imagina que tu familia y tus relaciones personales son ideales en todos los aspectos. ¿Cómo serían? ¿Con quién estarías? ¿Con quién ya no estarías? Si estuvieras casado, ¿qué tipo de hogar y estilo de vida tendrían tú y tu familia? ¿Qué tipo de vacaciones tomarías y qué tipo de vida querrías ofrecerles a tus seres amados?

Ahora mira hacia atrás a partir del futuro, ve el lugar donde te encuentras ahora y pregúntate: "¿Qué tendría que suceder, empezando desde hoy, para que yo diseñara mi vida ideal y pudiera vivirla en el futuro?".

EXCELENTE SALUD FÍSICA

Piensa en tu salud y tu condición física. Si tu salud pudiera ser perfecta en el futuro, ¿qué tan distinta sería de la salud de la que gozas hoy? ¿Qué nivel de condición física tendrías? ¿Cuánto pesarías? ¿Qué régimen alimenticio seguirías? ¿Qué rutina de ejercicios llevarías a cabo? ¿Qué tipo de prácticas de descanso y relajación observarías? ¿Qué hay de tus vacaciones?

Ahora vuelve al presente y pregúntate: "¿Qué tendría que suceder para que yo pudiera disfrutar de salud y condición física excelentes en algún momento en el futuro?".

Luego da el primer paso, haz algo, lo que sea. Da un paso con fe y siempre verás el primer escalón.

INDEPENDENCIA FINANCIERA

La cuarta área de la que debes encargarte es tu libertad o independencia financiera. Proyéctate hacia el futuro y pregúntate: "¿Cuánto dinero necesitaría tener para sentirme cómodo en el futuro?".

En los seminarios que realizo con dueños de negocios enseño el concepto de "la cifra", que también es el nombre de un excelente libro sobre este tema. Este concepto te insta a contestar varias preguntas: ¿Cuál es tu cifra? ¿Cuál es la cantidad específica de dinero que quieres ganar, ahorrar, invertir y acumular a lo largo de tu vida laboral? Y, en especial, ¿cuánto necesitarás para mantener tu estilo de vida de un mes a otro y de un año al siguiente?

La fórmula de la independencia financiera es muy sencilla. Primero determina cuánto necesitarías para mantener todo un mes tu estilo de vida actual si no contaras con ningún tipo de ingresos. Más de 70% de los adultos no tiene claro cuánto les cuesta su estilo de vida cada mes.

GASTOS ANUALES

Una vez que hayas determinado tus gastos mensuales, lo cual podría tomarte algún tiempo porque deberás investigar cuáles son tus gastos actuales, tanto los regulares como los inesperados, multiplica esta cifra por 12 para definir cuánto tendrías que haber ahorrado o invertido si quisieras mantener tu estilo de vida sin recibir ingresos todo un año.

Si para mantener tu estilo de vida actual necesitas 5 000 dólares mensuales después de impuestos, multiplica esta cifra por 12 y verás que necesitas 60 000 dólares al año para estar cómodo aunque no recibas ingresos de ningún tipo.

Por último, multiplica esta cifra anual por 20, es decir, el número aproximado de años que tú y tu cónyuge van a vivir tras su retiro. Si necesitas 60 000 dólares al año para vivir cómodo, y multiplicas esta cifra por 20, verás que necesitas 1.2 millones de dólares para retirarte y mantener tu estilo de vida actual. A esta cifra, que representa tus necesidades anuales/mensuales, puedes restarle cualquier pensión que recibas.

DA EL PRIMER PASO

Ahora da el primer paso. Abre una cuenta de retiro, la cuenta de tu libertad financiera. Esta será una cuenta en la que depositarás, pero de la que nunca sacarás dinero por ninguna razón. Solicita los servicios de un asesor financiero, aprende a vivir con entre 85 y 90% de tus ingresos, y ahorra o invierte el resto. Establece esta meta como una de las más importantes de tu vida: alcanzar la independencia financiera y llegar a tu "cifra" en una cantidad específica de años.

El simple hecho de determinar una cifra, hacer un plan para alcanzarla, actuar de acuerdo con tu plan y ahorrar e invertir de manera continua aumentará la probabilidad de que, en algún momento en el futuro, alcances esa cifra. Incluso multiplicada por 10.

TOMA UNA DECISIÓN

Decide hoy mismo desarrollar una perspectiva a largo plazo, vuélvete una persona sumamente orientada hacia el futuro, piensa en él todo el tiempo que puedas.

Toma en cuenta las consecuencias de tus decisiones y tus acciones. ¿Qué podría suceder? Después de eso, ¿qué más podría suceder? ¿Y luego?

Practica la autodisciplina, el dominio de ti mismo y el autocontrol. Para disfrutar de las recompensas de un mejor futuro, deberás estar dispuesto a pagar el precio hoy.

Luego da el primer paso. La línea que divide al éxito del fracaso no la constituyen las buenas intenciones, las esperanzas, los deseos ni los sueños, sino decidir lo que quieres en cada área clave de tu vida y luego dar el primer paso. Recuerda: siempre puedes dar ese primer paso.

EJERCICIOS PARA ENTRAR EN ACCIÓN

1. Decide hoy mismo empezar a pensar a largo plazo y a tomar en cuenta, antes de actuar, las posibles consecuencias de una decisión.
2. Proyéctate a entre tres y cinco años a futuro, imagina que tu vida es ideal en todos los aspectos. ¿Qué tan distinta sería de la vida que llevas hoy?
3. Decide qué acción vas a implementar de inmediato para crear tu futuro ideal y da el primer paso.

Capítulo 2

El pensamiento rápido vs. el pensamiento lento

Las personas exitosas han desarrollado el hábito de hacer las cosas que a los fracasados no les gusta hacer. Esto no significa que a ellas les guste hacerlas, sino que su desagrado no es tan fuerte como su propósito.

Albert E. N. Gray

Tu mente es extraordinaria, tienes la capacidad de generar una cantidad de ideas mayor al número de moléculas que hay en el universo conocido. Si enfocas de manera adecuada los poderes de tu mente en cualquier meta o deseo que tengas, puedes lograr cosas extraordinarias y, con frecuencia, más rápido de lo que esperarías.

Tu mente está trabajando a toda velocidad de manera continua, tu flujo de conciencia tiene una velocidad de alrededor de 1 500 palabras por minuto. Tu mente salta de un pensamiento a otro y luego de vuelta. Por todo esto, se requiere de una tremenda disciplina y de gran fuerza de voluntad para controlar y limitar ese río rompiente de pensamiento, y para canalizarlo de tal forma que te permita lograr todo de lo que eres capaz.

Por otra parte, aunque puedes tener cientos de pensamientos seguidos, solo puedes mantener uno a la vez. Esto te permite controlar tu flujo de conciencia y enfocar tu pensamiento como si fueras un francotirador. Puedes concentrarte en uno solo, en un solo blanco a la vez.

EL MODO REACCIÓN-RESPUESTA

Todo lo que haces de manera repetida se convierte en un hábito. La mayoría de la gente opera en el modo reacción-respuesta porque se ha acostumbrado a reaccionar y responder de manera continua a lo que sucede a su alrededor y en su interior con un pensamiento muy poco deliberado y razonado.

Desde el primer timbrazo de la alarma en la mañana, las personas reaccionan y responden en gran medida a estímulos provenientes de su entorno y a sus impulsos y apetitos habituales o pasajeros. El proceso de pensamiento normal es casi instantáneo: un estímulo y, luego, una respuesta inmediata sin que pase casi tiempo entre ellos.

Al proceso superior de pensamiento también lo desencadenan los estímulos, pero entre los estímulos y la respuesta pasa un poco más de tiempo durante el que piensas antes de responder. Es como tu madre te dijo: "Cuenta hasta 10 antes de responder, en especial si estás molesto o enojado".

El simple acto de detenerte a pensar antes de decir o hacer algo casi siempre mejora la calidad de tu respuesta final y es un requisito indispensable para el éxito. También es una de las cualidades de la gente adinerada.

PENSAR EXIGE TRABAJO

Thomas J. Watson Sr., fundador de IBM, exigía que en todas las oficinas de la empresa hubiera un letrero en la pared que dijera: "PIENSA". Al principio, cuando IBM comenzaba, siempre que los empleados tenían un problema que resolver, alguien señalaba el letrero para recordarles a sus colegas que entre más tiempo se tomaran para pensar con detenimiento el asunto en discusión, más probable sería que encontraran una solución adecuada o tomaran la decisión correcta.

En una ocasión, Thomas Edison dijo: "Pensar implica el trabajo más difícil de todos, por eso la mayoría de la gente lo evita a toda costa".

Hay un dicho por ahí: "Hay quienes piensan, quienes piensan que piensan, y luego está la gran mayoría que preferiría morir antes que pensar".

Pensar bien cuesta mucho trabajo, es algo que se debe aprender y practicar una y otra vez, sobre todo si en verdad tienes la intención de profundizar en tus poderes mentales.

Por suerte, cualquier cosa que hagas de forma repetida se convertirá en un hábito y, una vez que desarrolles el hábito, el gesto se volverá sencillo y automático. Goethe dijo: "Todo es difícil antes de ser fácil", y esto sin duda es aplicable al desarrollo de hábitos nuevos.

PENSAMIENTO LENTO

Uno de los mejores hábitos que puedes desarrollar es practicar el pensamiento lento en las áreas en las que es requerido.

Como se discutió en el capítulo 1, el factor más importante a considerar son las consecuencias. Casi todos los errores que cometemos en la vida son producto de no haber considerado con detenimiento las consecuencias de nuestras acciones antes de actuar.

El libro *Pensar rápido, pensar despacio* de Daniel Kahneman es una relevante contribución a la noción del pensamiento preciso. De una manera parecida a lo que hicieron R. H. Thouless y C. R. Thouless en *Straight and Crooked Thinking*, en su libro Kahneman explora y explica muchas de las razones por las que llegamos a conclusiones falsas que nos conducen a acciones que no nos permiten obtener los resultados que deseamos.

Los autores muestran que debemos aceptar información y tomar decisiones con base en datos parciales, estadísticas selectivas o sesgos de confirmación, es decir, que buscamos datos que coinciden con lo que *ya* decidimos creer.

La conclusión común de estos estudios sobre el pensamiento mediocre o descuidado es que necesitamos detenernos antes de tomar una decisión que podría tener efectos significativos para nuestra vida y nuestro trabajo, ya sea para bien o para mal.

Una de las maneras más simples de lograr esto es que antes de aceptar cualquier información como base para tomar una decisión nos hagamos la siguiente pregunta de forma continua: "¿Cómo sé que esto es verdad?".

DOS ESTILOS DE PENSAMIENTO

Los dos estilos contrastantes al momento de reflexionar son el pensamiento rápido vs. el pensamiento lento. Cuando pensamos rápido procesamos la información a toda velocidad, de manera intuitiva, automática e instintiva, como si tomar decisiones fuera manejar en medio de una gran cantidad de autos en movimiento. Reaccionamos y respondemos sin pensar mucho las cosas.

En la mayor parte de nuestras actividades, como cuando conversamos, nos reunimos, lidiamos con la vida diaria o hacemos las compras, pensar rápido no solo es adecuado, sino también necesario. Las consecuencias no son importantes, es decir, no hay gran diferencia entre ordenar una hamburguesa de carne de res o una de pescado a la hora del almuerzo porque es algo que no tiene mayor importancia en el gran esquema de las cosas.

En muchas otras áreas de nuestra vida, en cambio, necesitamos más del pensamiento lento. Es incluso esencial si lo que queremos es tomar decisiones correctas a largo plazo que nos produzcan los resultados que deseamos.

Una de las reflexiones de Daniel Kahneman que fue esencial para que su libro se convirtiera en bestseller, y con toda razón, se refiere al error más terrible que comete la mayoría de la gente: usar el pensamiento rápido para tomar decisiones vitales a largo plazo para las que el pensamiento lento sería mucho más apropiado.

TOMA EN CUENTA LAS CONSECUENCIAS

Te daré un ejemplo de lo anterior. Las decisiones que tomas respecto a los cursos que estudias en la universidad, el camino profesional que eliges, la persona con quien te casas y tu manera de ganar dinero, ahorrarlo e invertirlo requieren de pensamiento lento.

Entre más importantes sean tus decisiones a largo plazo, más esencial será que desaceleres, tomes un tiempo y consideres tanto los hechos como tus opciones.

Cuando empiezas a crear un negocio es fundamental aplicar el pensamiento lento en ciertas áreas. Estos son algunos ejemplos de aspectos vitales para el éxito o el fracaso de una empresa: el producto o servicio en que te especializarás, el segmento de clientes al que te dirigirás, los métodos de producción, ventas, *marketing* y distribución que elegirás, así como las decisiones respecto al costo y asignación de precios.

ANALIZA TU MANERA DE PENSAR

A partir de ahora, pregúntate con regularidad lo siguiente: "¿Esta situación requiere de pensamiento lento o rápido?".

Trata de conseguirte un poco de tiempo siempre que puedas y haz una pausa lo más prolongada posible entre el estímulo y la respuesta, entre el pensamiento y la decisión. Practica la "regla de las 72 horas". Date o consigue 72 horas o tres días para evaluar las decisiones importantes antes de tomarlas. Este tiempo será vital para mejorar tu toma de decisiones.

Lord Acton escribió: "No es necesario decidir, lo que es necesario es no decidir".

En casi todas las situaciones, entre más tiempo te tomes para decidir algo importante, mejor será tu decisión. Por eso trata de usar la frase: "Permíteme pensarlo y contactarte más adelante".

Si alguien trata de presionarte para que tomes una decisión respecto a un tema relevante, puedes decir algo como: "Si insistes en una respuesta inmediata, la respuesta es NO, pero si me permites pensarlo un poco, podría responderte de manera distinta".

ESCRIBE LOS DETALLES

Piensa en el papel. Una de las herramientas de pensamiento más poderosas es una simple hoja de papel en la que escribirás todos los detalles sobre tu problema o sobre la decisión que debes tomar. Cuando escribes, siempre sucede algo asombroso entre el momento en que la idea sale de tu cabeza y tu mano la plasma en el papel. Cuando escribes todos los detalles te ves forzado a pensar lento y de forma meticulosa, en especial si lo haces a mano en lugar de mecanografiar. Con frecuencia, a medida que vas escribiendo un hecho tras otro se vuelve cada vez más claro lo que deberías hacer. Por eso Francis Bacon escribió: "Escribir [hace] a un hombre preciso".

Siempre que los efectos en potencia de una decisión sean significativos, trata de conseguir la mayor cantidad de tiempo posible. Tu decisión final siempre será mejor que si decidieras de forma apresurada.

DECISIONES RESPECTO A LA GENTE

De acuerdo con algunos cálculos, 95% del éxito en los negocios lo determinan dos factores: la calidad de la gente que atraes y a la que le asignas tareas, y la gente a la que le otorgas un puesto específico o le delegas cierto trabajo. La gente con la que eliges trabajar y la gente que te elige a ti puede marcar la diferencia entre que un negocio tenga éxito o fracase, por eso Peter Drucker escribió: "Las decisiones rápidas respecto a la gente son, de manera invariable, decisiones equivocadas".

La gente para la que elijas trabajar o con la que decidas colaborar, sociabilizar, casarte, invertir o hacer negocios determinará 85% del éxito y felicidad en tu vida personal.

EL SECRETO PARA RECLUTAR

En una ocasión a un gerente de ventas de alto nivel, famoso por haber contratado a muchos de los mejores vendedores con que contaba la gran empresa para la que trabajaba, le preguntaron cuál era su secreto para el reclutamiento.

Él solamente dijo: "Es sencillo, practico la 'regla de los 30 días'. Sin importar cuánto me agrade el candidato, me he hecho la disciplina de esperar 30 días antes de tomar una decisión final. Cuando me encuentro y hablo con un candidato, sé que, a menudo, alguien que parece excelente en la primera o la segunda reunión luego empieza a mostrar las debilidades y defectos que lo hacen inapropiado para el puesto a largo plazo y en todos los sentidos".

Las empresas más exitosas y los gerentes más eficientes practican distintas versiones de esta regla porque saben que contratar a la persona incorrecta puede tener consecuencias y resultar demasiado costoso. Este principio también es aplicable a las sociedades de negocios y los tratos comerciales.

PIENSA DE MANERA ESTRATÉGICA

Entre las muchas técnicas de administración que han estado de moda y han pasado al olvido a lo largo de los años, el planeamiento estratégico siempre ha sido considerado el de mayor importancia a largo plazo. El planeamiento estratégico te obliga a pensar lento, a ponderar de manera minuciosa las posibles consecuencias de una acción o decisión. Así es como diseñarás el futuro de tu negocio a largo plazo.

El planeamiento estratégico personal funciona de la misma manera. Te sirve para diseñar tu futuro, para pensar más allá del presente y definir dónde quieres estar en los próximos años.

Michael Kama, experto en estrategia, escribió: "Quienes no planean para el futuro, no pueden tener uno".

El planeamiento estratégico personal te obliga a pensar lento, con más precisión y concreción. Te fuerza a pensar en lo que en verdad quieres ser, tener, hacer y lograr en los próximos meses y años.

A menudo, lo que más te convendrá para pensar con calma en tu futuro será apartar grandes bloques de tiempo, incluso un día o dos. En especial si atraviesas un momento de cambio, turbulencia o interrupción. Sal a dar un largo paseo y permite que tu mente se relaje, tómate dos o tres días libres para desconectarte de todos los aparatos, incluyendo tu computadora, el teléfono celular, los teléfonos fijos, los mensajes de texto y cualquier otra interrupción electrónica que pueda cortar el flujo de tu pensamiento.

PRACTICA LA SOLEDAD

Una de las maneras más eficaces de practicar el pensamiento lento es permanecer solo de manera regular. Hay muchas personas que no han practicado la soledad ni una vez en su vida porque tienen la necesidad insaciable de mantenerse activas y ocupadas, de llenar cada minuto con estímulos de todo tipo. Pero eso no es para ti.

La práctica de la soledad es muy sencilla, implica que tomes, como mínimo, entre 30 y 60 minutos para ti mismo, en silencio, sin música ni distracciones, que solo te sientes y permanezcas callado sin escuchar ruido o actividad. Puedes hacerlo en medio de la naturaleza, en un parque, donde no haya bullicio.

Quizá el mejor estado mental para la soledad consista en "pensar en el agua". Al parecer, sentarse junto a un cuerpo de agua y mirarlo, incluso si solo es una alberca, relaja tu mente y libera las capacidades de tu subconsciente y tu supraconsciente.

LA SOLEDAD REQUIERE DISCIPLINA

Al principio, cuando comiences a practicar la soledad, te darás cuenta de que es muy difícil. Empezarás a pensar en las cosas que podrías hacer en lugar de estar ahí sentado, de hecho, los primeros 20 o 25 minutos casi tendrás que amarrarte a ti mismo a tu silla. Después de ese punto sucederá algo maravilloso, toda tu tensión y estrés comenzarán a menguar, y te sentirás relajado por completo. Empezarás a disfrutar de la sensación de solo permanecer sentado en silencio, en tu mente comenzarán a fluir los pensamientos, ideas, reflexiones, perspectivas, soluciones y otro tipo de inspiraciones que podrían cambiar tu vida.

Solo deja que tu mente fluya como un río, no necesitas escribir nada. Si es una buena idea, la recordarás incluso cuando tu periodo de soledad haya terminado. Dicen por ahí que "los hombres y las mujeres mejoran cuando empiezan a tomar tiempo para estar consigo mismos en silencio".

Si nunca has pasado entre 30 y 60 minutos en soledad, haz una cita contigo mismo para tener una primera sesión. A mí, por ejemplo, por las tardes, casi de noche, me gusta detener mi automóvil en un parque camino a casa y permanecer ahí en silencio durante una hora, pero también puedes quedarte en la oficina una vez que todos se hayan ido. Puedes sentarte en tu jardín trasero o en una habitación de tu casa que esté en completo silencio.

SIEMPRE FUNCIONA

Permíteme hacerte una promesa. Siempre que enfrentes un problema, dificultad, obstáculo, frustración o desafío en la vida, permanece en silencio y sin moverte, casi sin excepción, desde la primera vez que hagas esto la respuesta a tu mayor problema vendrá a ti y se posará en tu hombro como si fuera una mariposa.

Muchos de mis estudiantes me dicen que en su primera sesión de práctica de la soledad resolvieron casi de manera instantánea problemas que les habían preocupado durante semanas o incluso meses.

Cuando llegue tu respuesta, será completa, responderá a todos los detalles del problema o dificultad. Será simple y clara, y se encontrará dentro de lo que, con tus capacidades, podrías hacer, resolverá todos los aspectos del problema. Cuando salgas de tu periodo de solicitud y pongas tu idea en acción, todo empezará a resolverse por sí mismo y te sentirás en paz.

LIBERA TUS PODERES INTERIORES

La práctica regular de la soledad requiere del pensamiento lento. Te obliga a detener toda la actividad laboral y de otro tipo a tu alrededor, y permanecer en silencio contigo mismo durante algunos minutos. La buena noticia es que entre más practiques la soledad, las ideas y respuestas que lleguen a ti en cada uno de estos periodos o sesiones estarán ahí más rápido, y serán mejores e integrales.

En las corporaciones, donde las consecuencias de cualquier decisión pueden ser significativas, el planeamiento estratégico es esencial: tomarse tiempo para retroceder, desacelerar y analizar bien las situaciones críticas puede ser lo que determine el éxito o fracaso de un negocio.

En la administración corporativa hay una regla que dice: "Todo minuto que se invierta en planear ahorrará 10 minutos en la ejecución".

Siempre que encuentres una empresa exitosa, estarás frente a una estrategia exitosa en acción, estarás contemplando el resultado de un proceso prolongado de pensamiento lento y minucioso.

USA EL MODELO DE PENSAMIENTO MOEPA

Para ayudarte a ti mismo y a otros a desacelerar y pensar con mayor precisión, usa el modelo MOEPA de manera regular. La sigla MOEPA significa: "Metas, Objetivos, Estrategias, Prioridades y Acciones".

Metas: Tus metas son los resultados específicos, mensurables y con límite temporal que quieres alcanzar a largo plazo en tu negocio. Tienen que ver con tus objetivos de ventas, rentabilidad, crecimiento, precios de las acciones y calificación de la calidad.

Objetivos: Tus objetivos son las metas provisionales que tendrás que cumplir para alcanzar las metas más ambiciosas. Imagina que tus mayores metas están en la parte superior de una escalera, son tus propósitos a largo plazo. Los objetivos intermedios son los escalones de la escalera que debes ir subiendo para llegar a la cima.

Estrategias: Tus estrategias son las distintas maneras en que podrías cumplir cada objetivo. En los negocios, por ejemplo, uno de tus objetivos será alcanzar cierto nivel de ventas. Hay toda una variedad de estrategias que puedes implementar para lograr tus objetivos en este aspecto.

Prioridades: Tus prioridades son aquellas actividades que son más importantes que otras para lograr tus objetivos y metas.

Siempre aplica la regla 80/20 en todo. ¿Cuáles son las acciones en el 20% en la parte superior que puedes realizar para obtener 80% de los resultados?

Acciones: ¿Qué actividades específicas, mensurables y con límite de tiempo puedes realizar para implementar tus estrategias, lograr tus objetivos y cumplir con tus metas?

Este método para pensar y ponderar de manera minuciosa cada acción que debas tomar mejora de forma dramática tus habilidades para tomar decisiones y te obliga a usar, de manera simultánea, tanto el pensamiento a largo plazo como el pensamiento lento.

LA LEY DE LAS PROBABILIDADES

Mucha gente atribuye su éxito o su fracaso a algún tipo de suerte, ya sea buena o mala. Pero en realidad, cuando miras hacia atrás y analizas lo que en verdad sucedió, descubres que el éxito no fue para nada una cuestión de suerte, sino de probabilidades.

La ley de las probabilidades dice que hay probabilidades de que todo suceda y que el uso de ciertos modelos matemáticos te permite calcularlas de manera bastante precisa. En su forma de aplicación más simple, la ley indica que si haces más de las cosas que hacen las personas y organizaciones exitosas, aumentarás tus probabilidades de hacer lo correcto en el momento adecuado y, por lo tanto, también de tener éxito.

Practicar el pensamiento lento siempre que se requiera durante tu viaje hacia el éxito hará que de pronto te descubras haciendo más cosas correctas y equivocándote menos.

El éxito no es un accidente, tampoco el fracaso. Entre más pienses y planees con minuciosidad antes de actuar, más rápido asumirás el control de tu éxito a futuro.

EJERCICIOS PARA ENTRAR EN ACCIÓN

1. Decide hoy mismo encontrar un lugar donde puedas pensar lento durante algún tiempo antes de responder al estímulo, problema o idea.
2. Elige un área importante de tu negocio o tu vida personal y practica aplicando el modelo MOEPA para pensar con claridad y de la mejor manera posible al planear tu futuro.
3. Planea hoy mismo lo necesario para tomarte entre 30 y 60 minutos de soledad, un tiempo en que te sentarás en absoluto silencio y escucharás a tu intuición. Haz esto con regularidad.

Capítulo 3

El pensamiento informado vs. el pensamiento desinformado

> Ten cuidado con tratar de ser un gran hombre de forma apresurada. Solo un intento de este tipo entre diez mil podría tener éxito: probabilidades terroríficas.
>
> Benjamin Disraeli

En inglés, el término más popular entre los hombres y mujeres de negocios experimentados es *due diligence*, el cual se entiende como "hacer la tarea". Este término se refiere a darte a ti mismo el tiempo que sea necesario, sin importar cuánto sea, para obtener la información fundamental que necesitas para tomar la decisión correcta.

Los errores más terribles que cometemos son aquellos en los que sacrificamos tiempo, dinero y recursos sin haber *hecho la tarea*.

En cambio, las mejores decisiones que podemos tomar casi siempre se basan en una investigación previa que nos permite alcanzar un conocimiento completo del asunto antes de actuar, es decir, en "mirar bien antes de saltar".

LAS RAZONES DEL ÉXITO EN LOS NEGOCIOS

De acuerdo con la revista *Forbes*, la razón número uno del fracaso en los negocios es la falta de demanda del producto o servicio. Por alguna razón, los clientes no lo quieren o deciden no comprarlo al precio que la empresa tiene que cobrar para mantenerse en el negocio.

En 2013, tan solo en Estados Unidos se invirtieron más de 8 000 millones de dólares en investigación de mercado. El objetivo fue averiguar lo que los clientes en verdad querían antes de que el producto fuera fabricado y lanzado al mercado. No obstante, a pesar de una investigación exhaustiva, 80% de los productos nuevos fracasarán y tendrán que ser sacados del mercado.

De acuerdo con McKinsey & Company, una destacada empresa de consultoría de negocios, las ventas elevadas son la principal razón del éxito en los negocios, y de manera inversa, los negocios fracasan, sobre todo, por las ventas bajas. Todo lo demás es pura palabrería.

Asimismo, la principal razón por la que se toman decisiones malas que conducen al fracaso en el mercado es que la gente en puestos clave no formula las preguntas correctas o no obtiene la información necesaria antes de que el producto sea fabricado y vendido.

AVERIGUA LOS HECHOS

Harold Geneen formó un conglomerado de más de 150 empresas en International Telegraph and Telephone, mejor conocida como ITT. Geneen solía decir: "Los elementos más importantes en los negocios son los hechos. Averigua los hechos reales, no los obvios ni los que das por sentado, tampoco los que desearías. Averigua los hechos reales. Los hechos no mienten".

Una de las palabras más importantes en el mundo de los negocios en la actualidad es *validación*, lo que quiere decir: nunca des algo por sentado. Cuando tengas una buena idea, comienza a trabajar de inmediato en su validación, reúne las pruebas que demuestren que en verdad es tan buena como te parece.

Piensa en papel, haz una lista de toda la información que tienes sobre el producto y servicio, y de la información que necesitarás para tomar la decisión correcta.

Habla con otros, trata de que otras personas que hayan estado en la misma situación te den su opinión y te aconsejen.

Contrata a un experto. Una persona especializada en un área en particular te puede ahorrar una fortuna en tiempo y dinero.

Haz una investigación en Google, ingresa las palabras clave relacionadas con tu pregunta, problema o idea, y ve qué aparece. No es nada raro descubrir que el área que te interesa ya la exploró a fondo alguien más.

Solicita opiniones. Pregunta entre la gente de tu industria quién podría tener conocimientos sobre el tema que interesa y quién podría compartir contigo y de manera franca sus opiniones e ideas. Un pensamiento u observación podría cambiar tu perspectiva por completo.

APLICA EL MÉTODO CIENTÍFICO

Usa el método científico. Genera una hipótesis, es decir, una teoría no probada, y luego busca maneras de invalidarla, de demostrar que tu idea es incorrecta. Eso es lo que hacen los científicos.

La mayoría de las personas hacen lo contrario. Tienen una idea y enseguida tratan de corroborarla y demostrar que funciona. Practican el sesgo de confirmación, es decir, buscan confirmar la validez de su idea y, al mismo tiempo, rechazan toda la información u opiniones que no coinciden con lo que ya decidieron creer.

Crea una hipótesis negativa o inversa, o sea, lo opuesto a tu teoría inicial. Digamos, por ejemplo, que eres Isaac Newton y que se te acaba de ocurrir la idea de la gravedad. Tu hipótesis inicial sería que "las cosas caen hacia abajo". Luego tendrías que tratar de probar lo opuesto: "las cosas caen hacia arriba".

Si no te es posible probar la hipótesis contraria o negativa de tu idea, entonces puedes llegar a la conclusión de que tu hipótesis es correcta.

Podrías, por ejemplo, tener una idea de un producto o servicio. Luego tendrás que tratar de probar que no hay demanda para ese producto o servicio a ese precio en particular. Deberás acercarte a tu posible cliente, describir lo que ofreces y luego decir: "Por supuesto, usted no querría, necesitaría o estaría dispuesto a pagar por esto, ¿cierto?".

Si tu cliente está de acuerdo y te dice que no desea lo que le ofreces, tendrás valiosa información para guiarte durante la toma de decisiones. En cambio, si el cliente se opone a tu hipótesis negativa diciendo: "No, no, no, en realidad estaría muy interesado en comprar y usar esto si usted decidiera lanzarlo al mercado", entonces habrás validado tu teoría inicial sobre la posible demanda para tu nuevo producto o servicio.

DEBES ESTAR DISPUESTO A FRACASAR

Prepárate para intentarlo y fallar, para proponer y ser rechazado una y otra vez. El fracaso, la prueba y el error son esenciales para alcanzar el éxito.

Siempre que tengas ideas y conclusiones, conviértete en tu propio asesor de negocios. Hazte las brutales preguntas que te haría un asesor para guiarte al tomar una decisión.

"¿Existe demanda en el mercado para este nuevo producto y servicio?".

"¿Qué tan importante es la demanda y a qué precio?".

"¿Qué cambios tendrías que hacer en tu idea inicial para que el producto o servicio fuera lo bastante atractivo y la gente quisiera comprarlo en cantidades suficientes?".

"¿La demanda por este producto nuevo es lo bastante importante para justificar su desarrollo? ¿Sería mejor producir otra cosa?".

"¿El mercado para esta idea de producto está lo bastante concentrado para permitirte llegar a tus posibles clientes con tu *marketing* y tus canales de venta actuales?".

"¿Los clientes pagarán por este producto o servicio lo suficiente para permitirte obtener una ganancia mayor a la que generarías con otro?".

Durante tu búsqueda de información deberás ser muy estricto contigo mismo. No seas indulgente ni formules preguntas inocuas. Zig Ziglar dijo: "Si eres duro contigo mismo, la vida será muy amable contigo, pero si insistes en ser amable contigo, la vida te tratará con mucha dureza".

MÁS VALE ESTAR EN LO CORRECTO

En una ocasión, el psicólogo Jerry Jampolsky escribió: "¿Quieres tener la razón o quieres ser feliz?".

Resulta asombroso ver cuánta gente tiene una nueva idea de producto o servicio y se enamora de ella antes de validarla y verificar si una cantidad suficiente de personas estaría dispuesta a ordenar y pagar por el producto.

Continúa reuniendo información hasta que te quede claro qué camino deberás seguir, lo cual sucederá tarde o temprano. Verifica y vuelve a verificar tus hechos, no des nada por sentado solo porque tienes fe. Pregúntate: "¿Cómo sé que esto es verdad?".

Por último, busca las fallas ocultas, el escenario débil en tu decisión que, si se presentara, podría resultar fatal para el producto o servicio. J. Paul Getty, quien alguna vez fue el hombre más rico del mundo, se volvió famoso por su técnica para tomar decisiones de negocios. De acuerdo con él: "Primero determinamos si es una buena oportunidad de negocios, luego nos preguntamos: '¿Qué es lo peor que podría sucedernos si nos lanzáramos de lleno a esta oportunidad?'. Después de eso nos ponemos a trabajar para asegurarnos de que ese escenario no se presente".

Si reúnes toda la información que necesitas y logras neutralizar o eliminar la falla oculta, tomarás decisiones de mucho mayor calidad que las que tomarán otros.

NADA REMPLAZA A LA EXPERIENCIA

Aquí es donde puede ser muy valioso el pensamiento experimentado en lugar del pensamiento inexperto porque, en una industria o negocio que evoluciona con rapidez, nada puede remplazar a la experiencia. Hay ciertas lecciones invaluables que solo se aprenden a prueba y error, es decir, teniendo una enorme cantidad de experiencias y cometiendo muchísimos errores en un área en particular.

La gente experimentada desarrolla lo que se llama "reconocimiento de patrones", o sea que, cuando se ve expuesta a una situación de negocios nueva o existente, puede identificar patrones que ha visto antes y que condujeron al éxito o al fracaso. Estas personas son capaces de anticipar de inmediato situaciones que podrían hacer que una inversión o decisión resulte inviable, también pueden identificar lagunas o fallas en los razonamientos en los que se sostiene la nueva idea. Debido a la gran cantidad de patrones que han visto en el pasado, estos individuos pueden enfocarse muy rápido en los elementos cruciales que conducirán al éxito o al fracaso.

CONVIÉRTETE EN UN EXPERTO DEL JUEGO

En un estudio realizado entre jugadores de ajedrez, en el cual se incluyó a toda una gama de individuos que iba desde campeones locales hasta grandes maestros consagrados, los investigadores dieron por hecho que la diferencia en los niveles de éxito se debía a la habilidad de cada jugador para predecir una cantidad mayor de las jugadas que sus oponentes podrían realizar en cualquier partida. Sin embargo, luego descubrieron que los jugadores, de todos los niveles, rara vez pensaban en más de tres o cuatro jugadas a la vez, porque reflexionar más allá de eso no resultaba útil para ganar.

Los investigadores descubrieron que en los distintos niveles de maestría los jugadores reconocían en el tablero más patrones de los que identificaba un jugador de un nivel inferior, lo cual solo podría ser producto de la experiencia.

El gran maestro podía echarle un vistazo al tablero, detectar casi al instante hasta 50 000 combinaciones posibles de piezas y, tomando en cuenta el patrón de las piezas sobre el tablero en un momento determinado, adivinar con precisión la jugada que haría su oponente. Debido a todo esto, un campeón ajedrecista podía jugar y ganar enfrentándose a 10, 20 o incluso 30 oponentes de manera simultánea. Podía caminar de un tablero al otro, echar un vistazo a uno, reconocer el modelo, tomar una decisión y hacer su jugada antes de pasar al siguiente.

LA EXPERIENCIA CUENTA

Esto es aplicable tanto en los negocios como en las profesiones. Solo un experto es capaz de evaluar a gran velocidad una situación compleja y sugerir enseguida una solución que no sería obvia para alguien con menos experiencia. Esto se debe a la vasta experiencia que ha desarrollado, la cual no se puede acumular ni rápido ni con facilidad.

Los presidentes de las empresas de la lista Fortune 500 ganan en promedio más de 10 millones de dólares al año, lo cual se debe casi solo a su capacidad para reaccionar y responder con agilidad a situaciones complejas como las que han visto y con las que han trabajado en el pasado. Estos ejecutivos toman decisiones rápidas y precisas que conducen a resultados financieros que, a veces, involucran millones o miles de millones de dólares.

LA REGLA NÚMERO UNO

Tal vez el consejo que con más frecuencia ofrece la gente adinerada es: "No pierdas dinero". Tanto en los negocios como en la vida, tu objetivo debe ser no perder dinero. En la guerra, por ejemplo, el general que comete menos errores suele ser el que gana la batalla y, en la vida, el individuo que se equivoca menos en sus decisiones financieras es el que conduce a su empresa o división a niveles elevados de rentabilidad. Entre más información reúnas para tomar una decisión, más probable será que tomes la que te conduzca al éxito que deseas.

Recuerda que tu meta solo la alcanzarás tomándote el tiempo necesario para informarte a fondo antes de tomar una decisión irrevocable.

LA ESTRATEGIA DE LOS RICOS

Bernard Baruch es uno de los hombres más ricos de Estados Unidos con una fortuna amasada por sí mismo. En su libro *My Own Story* escribió que sus errores financieros más importantes los cometió porque no hizo la tarea, porque no averiguó lo suficiente antes de invertir su dinero.

El multimillonario Warren Buffet, el segundo hombre más rico del mundo, también amasó su fortuna por sí mismo y pasa cerca de 80% de su día leyendo e informándose sobre asuntos que podrían influir en las decisiones de inversión que toma. Nunca deja de aprender ni de reunir información.

Carlos Slim, quien fue el hombre más rico del mundo hace algunos años, vive en México y su casa está llena de periódicos de su país y de todo el mundo. Todo el tiempo lee en distintas fuentes disponibles que le proveen la información necesaria para tomar decisiones de negocios correctas.

NUNCA DEJES DE REUNIR INFORMACIÓN

Tu objetivo debería ser estar más informado que cualquier otra persona en las áreas de negocios y de la vida en general que más te interesan. Esto lo puedes lograr reuniendo información de forma continua y comparando distintas ideas. Debes mantenerte escéptico y luego tomar tus decisiones con calma.

Entre más información reúnas y más experiencia acumules, mejores decisiones tomarás y mejores resultados obtendrás.

EJERCICIOS PARA ENTRAR EN ACCIÓN

1. Elige un área en tu negocio o tu vida personal en la que necesites tomar una decisión que implique tiempo, dinero o consecuencias a largo plazo. Decídete a averiguar todos los detalles de la decisión antes de actuar y no creas en nada ciegamente.
2. Pregúntales a otros. Busca a una o más personas que tal vez enfrentaron la misma situación o problema que tú, y pídeles que te aconsejen.
3. Busca la falla fatal en un área en la que necesites tomar una decisión para avanzar o no. Siempre da por sentado que esa falla existe.

Capítulo 4

El pensamiento enfocado en metas vs. el pensamiento enfocado en reacciones

> La fortaleza mental significa distintas cosas y es muy difícil de explicar. Implica cualidades como el sacrificio y una disciplina impecable que te impide darte por vencido. Es un estado mental al que podrías llamar "el carácter en acción".
>
> VINCE LOMBARDI

Varios millonarios que amasaron sus fortunas por sí solos, que empezaron con las manos vacías y trabajaron hasta llegar a la cima, se reunieron y cenaron en casa de uno de los miembros del grupo. La conversación versó sobre las distintas razones por las que la gente tenía éxito y sobre la manera en que las personas presentes habían logrado tanto en comparación con la gente común que logra muy poco. De pronto, la persona más exitosa del grupo levantó la voz y preguntó: "¿Qué es el éxito?".

Cuando voltearon a verlo para escuchar la respuesta, dijo: "El éxito son metas, todo lo demás es palabrería".

LOS PUNTOS DE INFLEXIÓN

A lo largo de tu vida vas a encontrar varios puntos de inflexión. Son momentos, reflexiones o experiencias que te pueden tomar algunos días o meses, pero una vez que pasas por ellos tu vida no vuelve a ser la misma.

A veces reconocerás estos puntos de inflexión cuando se presenten, pero en la mayoría de los casos solo los reconocerás en retrospectiva, cuando hayan pasado. Cuando miras atrás, con frecuencia recuerdas pequeños sucesos a los que les prestaste poca atención, pero cuyas consecuencias te cambiaron de alguna manera e influyeron en la persona que eres ahora.

Uno de los puntos de inflexión más importantes en mi vida, como le sucede a la gente más exitosa, fue descubrir las metas. Tenía 24 años, estaba en bancarrota, no tenía habilidades, era inexperto y trabajaba como vendedor de puerta en puerta. Vendía muy poco, ganaba casi nada y dormía en el suelo del departamento de una habitación de un amigo. Entonces descubrí las metas.

EL DESCUBRIMIENTO DE LAS METAS

En el cajón inferior de una vieja cómoda que había en aquel departamento encontré un libro usado. Lo hojeé y de pronto encontré la frase: “Si quieres tener éxito, debes tener metas”.

Varias páginas más adelante se indicaba que debía tomar una hoja de papel y escribir las metas que me gustaría lograr en algún momento en el futuro. Como no tenía nada que perder, busqué una hoja y escribí 10 metas que quería cumplir. Perdí la lista poco después, pero pasados 30 días, mi vida había cambiado por completo: había cumplido casi todas las metas que escribí y lo hice de maneras que no me esperaba en absoluto.

Descubrí una técnica que triplicó mis ventas y, como resultado, mis ingresos aumentaron de golpe. Me mudé a un lugar propio, me ascendieron al puesto de gerentes de ventas, me asignaron un equipo de gente para que la entrenara con mi nueva técnica y me dieron un bono sobre las ventas de los integrantes. Todo sucedió en menos de 30 días, a partir de que escribí en esa hoja de papel la lista de las cosas que quería lograr.

LA CLAVE DE LA RIQUEZA

Desde aquel entonces he leído, investigado, enseñado y creado programas sobre el tema del establecimiento y el cumplimiento de las metas. Millones de personas en todo el mundo han usado este material, por lo que, a donde quiera que voy, la gente se acerca a mí y me dice casi lo mismo: "Usted cambió mi vida, me volvió rico".

Cuando les pregunto qué parte específica de mis enseñanzas tuvo un impacto así de profundo en su vida, siempre me dicen que fue aprender a fijar y cumplir metas, que ese fue el punto de inflexión en su vida, de la misma forma que lo fue en la mía.

En la actualidad no es raro que la gente se queje e incluso haga manifestaciones en las calles para mostrar su enojo por "el 1% contra el 99%". Se refieren a lo que sucede en términos de los ingresos en nuestra sociedad. Pero, de hecho, se equivocan: deberían hablar "del 3% contra el 97 por ciento".

¿A qué me refiero? A que solo 3% de las personas tienen metas y planes claros, específicos y escritos en los que trabajan todos los días. El 97% restante solo tiene esperanzas, sueños, deseos y fantasías, no metas, y la gran tragedia es que no saben cuál es la diferencia.

GANA Y ADQUIERE 10 VECES MÁS

En mi experiencia a lo largo de varias décadas y como resultado de haber leído todos los estudios relacionados con la gente que tiene metas y la que no, descubrí que, con el tiempo, el 3% en la cima gana y adquiere en promedio 10 veces más que el 97% que permanece debajo.

¿Por qué sucede esto? Hay muchas razones. En el capítulo anterior mencioné que uno de los mantras de la gente rica es: "No pierdas dinero".

Cuando hablamos de éxito, sin embargo, podríamos decir que el corolario es: "No pierdas tiempo".

El hecho es que cuando tienes metas claras y planes específicos para cumplirlas, y cuando trabajas en esos planes todos los días, ahorras una cantidad enorme de tiempo. En solo unos meses o años logras más de lo que mucha gente logra en toda una vida. Al fijarte metas estás programando tu GPS mental, el cual funciona como un misil guiado que te lleva directo al blanco al que apuntaste, al mismo tiempo que recibe retroalimentación de este y realiza "ajustes al curso" hasta que logras tu objetivo.

El filósofo escocés Thomas Carlyle escribió: "La persona sin metas no avanza ni siquiera en el camino más liso. La persona con metas claras progresa con rapidez incluso en el camino más agreste".

Seguro has escuchado el dicho: "Si no sabes a dónde vas, cualquier camino te llevará ahí".

DESARROLLA LOS TRES GRANDES FACTORES

Quizá la mejor manera de desarrollar los "tres grandes factores" del pensamiento superior, claridad, enfoque y concentración, consista en establecer metas bien definidas para cada área de tu vida.

Sabemos que 95% del éxito depende de desarrollar la claridad para empezar. Debes tener nitidez absoluta respecto a la persona que eres, es decir, cuáles son tus fortalezas, tus debilidades, tus talentos especiales y tus habilidades, y también respecto a lo que quieres hacer con tu vida. Luego tienes que enfocarte por completo en una cosa a la vez, sin desviarte ni distraerte.

De acuerdo con Bill Gates y Warren Buffet, en los acelerados y turbulentos tiempos en que vivimos la habilidad de enfocarse en una cosa a la vez tiene más influencia en nuestro éxito que cualquier otra habilidad mental.

Por último, una vez que hayas decidido quién eres, qué quieres hacer y cuál será tu punto de enfoque, deberás desarrollar la disciplina necesaria para concentrarte en una sola cosa y mantenerte en ella hasta que la hayas completado.

Las metas te permiten desarrollar cualidades como la claridad, el enfoque y la concentración con muchísima más rapidez que cualquier otra cosa que pudieras hacer o decidir en tu vida. Las metas son el mejor antídoto para el "pensamiento confuso" que, quizá, es más responsable de la frustración y el fracaso que cualquier otro factor.

MINIMIZA LAS DISTRACCIONES

Debido a la velocidad de los cambios y a las constantes interrupciones electrónicas que implican los correos, los mensajes de texto, las llamadas telefónicas y las redes sociales, cada vez más gente desarrolla una especie de desorden de déficit de atención que hace que le sea casi imposible pensar con claridad y mantenerse "enfocada en una sola tarea". En promedio, las personas revisan su correo electrónico 45 veces al día, están esclavizadas a los mensajes de correo entrantes, las llamadas telefónicas y otro tipo de comunicaciones. Es como si todo el tiempo estuvieran cazando las "cháchara deslumbrantes" que representan los estímulos inmediatos.

Quienes no tienen metas están destinados a trabajar por siempre para quienes sí las tienen. En esta vida puedes trabajar para alcanzar tus propias metas o hacerlo para alcanzar las de alguien más. Por supuesto, la mejor situación es aquella en la que lograr tus metas te permite ayudar a tu empresa a alcanzar las suyas.

EL IMPACTO DEL CAMBIO

Tal vez el factor más relevante con influencia en tu vida sea la velocidad del cambio. En toda la historia de la humanidad nunca habíamos experimentado el ritmo de cambio que soportamos ahora, y las cosas empeorarán el próximo mes, el próximo año y el resto de nuestra vida.

Existen tres factores principales del aceleramiento del cambio, tres factores que nos hacen sentir que no estamos en control de la situación. Cuando alguna de estas tres áreas críticas sufre modificaciones, incluso nuestros mejores planes pueden verse invalidados, y en ocasiones esto sucede de la noche a la mañana.

EL AUGE DE LA INFORMACIÓN

El primer factor que impulsa el cambio es la explosión de información y conocimiento. La información y las nuevas ideas se expanden, crecen y aumentan a cada vez mayor velocidad. Un nuevo conocimiento, idea o reflexión puede desestabilizar o darle la vuelta a toda una industria y provocar fracasos y bancarrotas.

En la actualidad, más que en cualquier otro momento de la historia, la gente inteligente está desarrollando, de distintas formas y en torno a temas diversos, ideas que son cada vez mejores y más revolucionarias.

EL AUGE DE LA TECNOLOGÍA

El segundo factor de importancia que impulsa el cambio es la tecnología, la cual crece, se expande y aumenta a velocidades increíbles. Los avances en la tecnología pueden transformar industrias completas muy rápido. Piensa en empresas como Nokia y BlackBerry, las cuales dominaron su industria hasta que el primer iPhone fue lanzado al mercado en 2007. Menos de cinco años después, ambas empresas habían casi desaparecido. En ese tiempo, BlackBerry pasó de controlar 49% de los negocios del mercado de telefonía celular, a controlar solo 0.4%, en tanto que Nokia dejó de vender teléfonos celulares y Microsoft la adquirió en un proceso de liquidación. Si no respondes a él rápido y de la manera adecuada, un avance tecnológico del otro lado del mundo puede sacarte del negocio.

COMPETENCIA AGRESIVA

El tercer factor, la competencia, es tal vez el más perturbador de todos. Tus competidores son ahora más fieros, agresivos y decididos que nunca, y las cosas empeorarán la próxima semana y el próximo año. La competencia se enfoca en aprovechar cada nuevo dato potencial y cada avance tecnológico para modificar y dar forma a los gustos de los consumidores, desarrollar nuevos productos y servicios, y para volver obsoleto cualquier producto o servicio que tú ofrezcas.

Tu competencia está explorando de manera continua el universo de las nuevas tecnologías e información, está en busca de oportunidades para servirles a tus clientes y ofrecerles lo que quieren de una mejor manera, más rápida y económica que en la que tú los atiendes ahora.

A McDonald's, empresa líder en comida rápida en todo el mundo, la han sorprendido restaurantes como Chipotle Mexican Grill, en tanto que a The Gap y Abercrombie & Fitch los han tomado desprevenidos competidores agresivos que ofrecen productos más adecuados y de mejor calidad a precios similares, los cuales coinciden más con lo que los clientes desean hoy en día.

La ecuación para comprender este fenómeno es $VDC = EI \times ET \times C$, es decir: velocidad del cambio = expansión de la información × expansión de la tecnología × la competencia; y lo único que sabemos es que en los meses y años por venir el ritmo del cambio será cada vez más rápido. Por eso debes tomar en cuenta lo que escribió Charles Darwin: "La supervivencia no es para la más fuerte ni la más inteligente de las especies, sino para la más adaptable al cambio".

LAS METAS SON ESENCIALES

Esta es la razón por la que las metas son tan importantes. Las metas te permiten controlar la dirección del cambio, asegurarte de que tú mismo puedas determinar tu vida y tu trabajo en lugar de que los definan sucesos externos.

Uno de los más grandes secretos del éxito es que no debes preocuparte por las cosas respecto a las que no puedes hacer nada. Por ejemplo, no puedes ni cambiar ni desacelerar el ritmo del cambio, pero si tienes claridad sobre tus metas finales, siempre podrás cambiar, ajustarte y adaptarte a lo que se presente.

En la actualidad, puedes ser amo o víctima del cambio. Puedes ser el diseñador de las circunstancias o solo un producto de las mismas, puedes ser creador o solo una criatura de las agresivas e impersonales fuerzas del cambio sobre las que no puedes ejercer control.

Las metas le dan poder, propósito y dirección a tu vida, te hacen sacar lo mejor de ti y te permiten aprovechar todo tu potencial.

FIJARSE METAS HACE SALIR LO MEJOR DE TI

Fijarse metas exige tres tipos de pensamiento: a largo plazo, lento e informado. Uno de los principios clave del éxito es "pensar en papel", ya que el simple acto de escribir lo que quieres aumenta de forma dramática tus probabilidades de obtenerlo o lograrlo. Recuerda que no puedes atinarle a un blanco que no ves, no puedes ni siquiera intentar un tiro a menos de que describas el objetivo en papel.

La calidad de las preguntas que te haces a ti mismo aumenta en gran medida la calidad de tu pensamiento, en especial en lo referente a fijar y cumplir metas. A continuación hablaré de algunas de las preguntas que deberías hacerte y responder de manera constante para mantener tu nivel de claridad, enfoque y concentración.

DEFINE LO QUE EN VERDAD QUIERES

¿Qué es lo que en verdad, en verdad, en verdad quieres hacer con tu vida?

Todo parece indicar que, cuando te haces esta pregunta, el tercer "en verdad" es el que te ayuda a desarrollar una claridad absoluta respecto al lugar donde deseas estar en el futuro. Cuando te preguntas tres veces usando "en verdad", profundizas aún más en lo que deseas hacer por encima de todo.

¿QUÉ ES LO QUE EN VERDAD VALORAS?

¿Cuáles son tus valores? ¿Cuáles son tus principios básicos de organización? ¿Qué virtudes y cualidades son las más importantes para ti? ¿Cuáles son las que más te interesa que posea la gente que te agrada y a la que admiras?

La mayoría de los problemas y la confusión en la vida se pueden resolver si se vuelve a los valores. Tus valores son tu centro, tu núcleo. Son el eje alrededor del cual gira tu vida. Tus valores determinan tus emociones más profundas, definen tus creencias, expectativas y tu actitud. Recuerda: "No ves lo que crees, sino lo que ya decidiste creer".

A lo largo de toda una semana pregúntate esto en repetidas ocasiones: "¿Cuál es el valor más importante en mi vida?", y no te quedes satisfecho con tu primera respuesta. Ante los ojos de los otros, tu primera respuesta siempre será simple, obvia y admirable, pero deberás seguir preguntándote. En algún momento, la respuesta podría sorprenderte.

TUS TRES METAS MÁS IMPORTANTES

¿Cuáles son tus tres metas más importantes en la vida?

Escribe la respuesta en 30 segundos o menos. Cuando solo tengas 30 segundos para escribir tus tres metas más importantes, verás que las respuestas serán tan precisas como si tuvieras 30 minutos o tres horas. Entonces, ¿cuáles son tus tres metas?

SIN MIEDO AL FRACASO

Imagina que tienes 20 millones de dólares en el banco, pero descubres que solo te quedan 10 años de vida. ¿Qué elegirías hacer con el dinero?

Esta pregunta te libera temporalmente de la restrictiva preocupación que representan el dinero y los recursos. La mayoría de la gente se limita y no hace lo que en verdad quiere porque siente que no puede darse ese lujo o que no tiene suficiente tiempo, talento o recursos para lograrlo.

En cambio, si imaginas que tienes 20 millones de dólares en el banco y que debes elegir hacer algo en los próximos 10 años, lo más común es que veas con claridad qué es lo que más te importa, lo que "está en tu corazón". ¿Qué sería eso en tu caso?

SEIS MESES DE VIDA

Imagina que tienes una consulta médica para hacerte una revisión general. El médico te sienta frente a él y te dice que tiene una noticia buena y otra mala. La buena noticia es que en los próximos seis meses vas a gozar de mucha salud y una excelente condición física. La mala noticia es que, pasados 181 días, caerás muerto debido a una enfermedad incurable.

Si solo te quedaran seis meses de vida, ¿cómo querrías pasar tu tiempo? ¿Qué harías? ¿Con quién pasarías ese tiempo? ¿Qué te gustaría terminar? ¿Qué tipo de legado te gustaría crear?

Estas preguntas te ayudarán a aclarar qué es en verdad valioso e importante para ti. Seguro has escuchado decir que "nadie en su lecho de muerte ha deseado haber pasado más tiempo en la oficina".

TU SENTIMIENTO DE IMPORTANCIA

¿Qué tipo de actividades te generan un mayor sentimiento de importancia, valor personal y autoestima?

Dale Carnegie dijo: "Dime lo que a un hombre le da su mayor sentimiento de importancia y te diré cuál es su filosofía entera de vida".

Hasta ahora, ¿cuáles actividades o logros te han generado la mayor felicidad en tu vida? ¿Qué es eso que haces bien en especial? ¿Cuál ha sido el factor más determinante en tus mayores éxitos? ¿Qué te gustaría hacer todo el día, incluso si no te pagaran por hacerlo?

UNA META AMBICIOSA

Si supieras que no puedes fallar, ¿qué meta ambiciosa te atreverías a fijarte?

El miedo al fracaso es el mayor obstáculo para el éxito, así como la principal causa del fracaso en la vida adulta. Imagina que no tienes limitaciones, que cuentas con todo el tiempo, el dinero, la gente, las relaciones, los amigos, contactos, talento y habilidades que necesitas para lograr cualquier cosa que te propongas. ¿Qué meta te fijarías?

Tu habilidad para pensar con claridad respecto a quién eres y lo que en verdad quieres es fundamental para que vivas una vida de alto desempeño. Cuestionarte y responderte estas preguntas de manera regular te ayudará a desarrollar claridad, enfoque y concentración.

EL PROCESO PARA FIJAR METAS

En una ocasión, Napoleon Hill escribió que la clave para el éxito era usar "fórmulas probadas para el éxito". Averigua cuáles son las cosas que la gente exitosa hace una y otra vez, y hazlas tú también. De acuerdo con la ley de causa y efecto, si haces lo que otras personas exitosas hacen (las causas), dentro de poco obtendrás los mismos resultados (efectos).

Existe un proceso simple pero eficaz para establecer y lograr metas, lo puedes aplicar de inmediato para transformar e incluso imbuirle una gran cantidad de energía a tu vida. Aquí lo tienes:

1. Decide con exactitud lo que quieres. La mayoría de la gente nunca hace esto, solo desea muchas cosas, pero ninguna en particular.

   Una de las principales razones del fracaso en la vida adulta es que la gente piensa que ya tiene metas, pero en realidad no son metas, sino deseos, esperanzas y fantasías. Una meta verdadera, en cambio, es algo claro y específico.

   Einstein dijo: "Si no puedes explicarle tu meta a un niño de seis años, lo más probable es que tú mismo no la tengas clara".

2. Escríbela. Una meta no escrita solo es un deseo o una esperanza. Se dice que las metas son "sueños y fechas límite". Cuando escribes una meta, la tomas del aire y la vuelves clara y tangible. La puedes ver, tocar y leer. Ahora existe, antes solo era producto de tu imaginación, como el humo del cigarro en un gran salón, como algo sin forma ni sustancia.

   Solo 3% de los adultos tiene metas claras y escritas, el resto de la gente solo trabaja para ese 3%. Las personas con metas ganan y logran 10 veces más que lo que la persona promedio a lo largo de toda su vida laboral. En un año, quienes tienen sus metas escritas suelen lograr más de lo que logra la persona promedio en cinco o 10 años. Y ahora, un descubrimiento: cada vez que escribes un objetivo o una meta, estás escribiendo y programándolo en tu subconsciente.

   Una vez que plasmas en papel una meta, tu subconsciente la acepta como una orden y empieza a trabajar para traerla hacia ti y llevarte hacia ella. Lo hace las 24 horas del día, mientras caminas y duermes, por eso escribir tus metas es algo tan eficaz.

3. Establece una fecha límite. La fecha límite actúa como una especie de "sistema forzado" para tu subconsciente, les da a los poderes de tu mente subconsciente y tu mente supraconsciente un objetivo al cual apuntarle. A partir del momento en que escribas la meta y establezcas la fecha límite te sentirás más motivado que nunca a dar los pasos necesarios para cumplirla.

   ¿Qué sucede si no logras la meta para cuando llegue la fecha límite? Nada, solo fija otra fecha. Hay muchas cosas sobre las que no tienes control y que podrían suceder, sucesos que podrían convertirse en un obstáculo para tus propósitos. No hay problema, solo fija otra fecha límite, recuerda que las metas poco realistas no existen, lo que existe son las fechas límite poco realistas.

4. Haz una lista. Escribe todo lo que se te ocurra que podrías hacer para lograr tu meta. Incluye todo lo que necesitarás: gente, conocimientos y recursos, y continúa añadiendo cosas a tu lista hasta que esté completa.

   El simple hecho de hacer una lista de todo lo que se te ocurra para lograr tu meta aumenta tu creencia de que esta es lograble, te motiva y estimula. Henry Ford dijo: "Cualquier meta puede alcanzarse si la divides en partes lo bastante pequeñas".

5. Organiza la lista para convertirla en plan. La primera manera de organizar una lista consiste en transformarla en una secuencia. Haz una lista de verificación, una lista de todos los pasos que tendrás que dar para lograr tu meta, uno tras otro. Trabajar a partir de una lista escrita aumentará la velocidad con que lograrás tus objetivos unas cinco o 10 veces.

La segunda manera de organizar la lista consiste en escribir todo por prioridad. ¿Qué es más importante y qué es menos importante? Ya sabes que 20% de las cosas en tu lista equivaldrán a 80% de tu éxito, así que, ¿cuáles son esas cosas?

6. Cuando tengas tu plan, comienza a actuar de inmediato. Haz algo, lo que sea, solo da el primer paso. Einstein dijo: "Nada sucede sino hasta que algo se mueve". Nada sucederá sino hasta que *tú* te muevas.
7. Todos los días haz algo que te acerque a la consecución de tu meta más importante, cualquiera que sea esta en ese momento. No dejes pasar un solo día, haz algo cada uno de los siete días de la semana.

   Cuando haces algo todos los días, desencadenas el "principio de la inercia" del éxito. Tal vez sea difícil dar el primer paso, empezar a caminar hacia tu meta, pero después todo será cada vez más fácil, generarás más y más inercia. Verás que te mueves más rápido hacia tu meta y ella hacia ti. Y siempre tendrás claro cuál es el primer paso.

EJERCICIO PARA FIJAR METAS

Este es un sencillo ejercicio que ha transformado la vida de cientos de miles de personas en todo el mundo. Es muy eficaz porque es muy simple, aquí lo tienes:

1. Toma una hoja de papel en blanco y, en la parte superior, escribe la palabra "Metas", así como la fecha de hoy. Luego escribe 10 metas que te gustaría lograr en los próximos 12 meses.

Pueden ser metas a una semana, un mes, seis meses o 12 meses, pero todas deberán ser cosas que te gustaría lograr en el próximo año.

Al parecer, las metas que deseas lograr en un año motivan más que las metas a cinco o 10 años, pero después también establecerás objetivos de este tipo.

Cuando escribas tus metas, usa las tres *P*, es decir, deberán estar en tiempo *presente*, ser *personales* y ser *positivas*. Tu subconsciente solo puede actuar cuando la meta está redactada de manera correcta y con estas características. Asimismo, todas las metas deberán empezar con la palabra "Yo", seguida de un verbo de acción.

Por ejemplo, tu meta podría ser: "Yo gano $XXX al 31 de diciembre de este año".

Escribe tu meta como si ya la hubieras cumplido y como si le estuvieras explicando a alguien más lo que lograste.

En lugar de decir: "Voy a dejar de fumar", escribirías: "Soy un no fumador". Escribe las primeras 10 metas que se te ocurran, pero hazlo en tiempo presente y de manera personal y positiva.

2. Una vez que tengas tu lista de 10 metas, pregúntate: "Si decidiera lograrla, ¿cuál meta de esta lista tendría el mayor impacto positivo en mi vida?".

Siempre hay una meta que coincide con esta descripción y que se convertirá en tu "propósito definitivo mayor" en la vida en cuanto la selecciones.

3. Reescribe esta meta en otra hoja de papel, en tiempo presente, en forma personal y positiva. Por ejemplo: "Yo gano esta cantidad de dinero para tal fecha".

4. Ahora haz una lista de todo lo que se te ocurra que necesitarás para lograr esta meta. Escribe por lo menos 20 ideas.

   Primero escribe las cosas obvias y luego lo opuesto, continúa escribiendo hasta que reúnas 20 acciones diferentes que podrías realizar para alcanzar tu meta.
5. Organiza esta lista para convertirla en plan, haz una lista de verificación con todas las cosas que podrías hacer, de la primera a la última.
6. Actúa de inmediato respecto a una tarea, a la primera de la lista. Toma la tarea y realízala lo antes posible.
7. A partir de ahora, todos los días haz algo de la lista para acercarte a tu meta principal, no te permitas fallar un solo día, trabaja los siete de la semana.

PIENSA EN TU META

Recuerda la gran verdad: uno se convierte en aquello en lo que piensa la mayor parte del tiempo. Todas las mañanas, cuando te levantes, piensa en tu meta. Continúa pensando en ella todo el día, y en la noche revisa cuánto has progresado en el camino hacia tu objetivo más ambicioso en la vida.

Entre más pienses en tu meta, más ideas tendrás para lograrla. Una orientación intensa hacia tu objetivo estimulará a tu subconsciente y a tu mente supraconsciente para su consecución. Entre más reflexiones, planees y trabajes en tu meta principal, más pronto avanzarás hacia ella y ella hacia ti.

Conviértete, desde hoy, en una persona enfocada en sus metas. Esto te ayudará a desbloquear tus poderes mentales, estimulará tu creatividad, canalizará tu energía y te motivará a avanzar más que cualquier otra actividad.

EJERCICIOS PARA ENTRAR EN ACCIÓN

1. Decide con exactitud lo que quieres en un área de tu vida y elige la meta que podría tener el mayor impacto en tu vida.
2. Escribe la meta de manera personal, positiva y en tiempo presente, como si ya fuera una realidad.
3. Haz un plan para lograr esta meta y, luego, haz algo todos los días para acercarte a ella.

Capítulo 5

El pensamiento enfocado en los resultados vs. el pensamiento enfocado en la actividad

> Aquellos que se exigen de forma imperativa lo mejor de su naturaleza y que no aceptan nada menos que eso, son quienes sostendrán los estandartes del progreso, quienes establecerán los patrones y los ideales para los otros.
>
> ORISON SWETT MARDEN

Otro de los puntos de inflexión en mi vida tuvo lugar un día en que, teniendo veintitantos años, miré alrededor y noté que había mucha gente de mi edad a la que parecía irle mucho mejor que a mí en la vida y el trabajo. Vestían mejores prendas, tenían mejores empleos y los automóviles que conducían eran recientes. Algunos de ellos incluso tenían una casa y familia.

Mientras tanto, yo seguía conduciendo mi viejo automóvil, usando ropa vieja, trabajando como vendedor, pensando siempre en lo que costaba todo y preocupado siempre por el dinero. No, no era una manera agradable de vivir.

Mi punto de inflexión se produjo cuando empecé a preguntarme: "¿Por qué algunas personas tienen más éxito que otras?". Esta pregunta cambió mi existencia, me lanzó en una búsqueda de respuestas que duraría toda la vida. La Biblia dice: "Busca y encontrarás... [porque] el que busca encuentra". Resultó ser cierto para mí, en cuanto me hice esta pregunta, las respuestas empezaron a llegar a mí como limadura de hierro atraída por un imán.

HAZ MÁS DINERO

En términos económicos, la respuesta era muy simple, obvia y clara. La gente con buenos salarios era sumamente productiva, aprovechaba su tiempo mejor que la gente promedio y generaba más y mejores resultados para quienes estaban dispuestos a pagarle. La gente bien pagada pasaba más tiempo haciendo más y más cosas de un valor mayor.

Ahora te tengo una pregunta: ¿cuál es tu activo financiero más valioso? La primera vez que a mí me preguntaron esto no tenía clara la respuesta, pero luego comprendí que se referían a mi "capacidad de ganar dinero". Tu capacidad de ganar dinero es tu activo financiero más valioso.

Podrías perder tu empleo, tu casa, tu automóvil y todos tus ahorros e inversiones, y quedarte parado en la calle con nada, excepto con la ropa que trajeras puesta, pero mientras conserves tu habilidad de ganar dinero, podrías recuperar todo de vuelta e incluso obtener más. Esto le ha pasado tantas veces a tanta gente, que se ha vuelto casi una leyenda urbana.

¿Por qué los directores ejecutivos de las empresas de Fortune 500 ganan en promedio más de 10 millones de dólares al año? Porque han desarrollado su capacidad de ganar dinero hasta el punto en que pueden obtener resultados que, en términos de rentabilidad para sus empresas, a veces son cientos de veces superiores a sus salarios. Las empresas están dispuestas e incluso ansiosas por pagarles casi cualquier cantidad porque han demostrado que tienen la capacidad de generar ganancias por millones o incluso miles de millones de dólares. Y si perdieran su empleo por alguna razón, otra empresa de grandes dimensiones los contrataría enseguida y les pagaría 10 millones de dólares al año o más.

DEFINICIÓN DE LA CAPACIDAD DE GANAR DINERO

Tu capacidad de ganar dinero es la habilidad de obtener resultados por los que la gente esté dispuesta a pagarte. No se trata de tu habilidad de ir a trabajar, pasar tiempo ahí y "jugar bien con los otros chicos", sino de llevar a cabo el trabajo rápido y de manera confiable, a tiempo y dentro del presupuesto.

Todo el éxito en el trabajo se reduce a un simple resultado: terminar la tarea. Tras realizar un análisis completo, podríamos decir que tu capacidad de terminar tus tareas de manera consistente y confiable es lo que te hace un recurso valioso e indispensable para tu organización.

Las personas de mayor nivel desarrollan la habilidad de terminar tareas cada vez más imponentes y con cada vez más valor, pero también desarrollan una reputación específica: son "*la* persona a la que hay que recurrir". Esto quiere decir que la gente dirá: "Si quieres que algo se haga rápido y bien, encárgaselo a él o ella".

ÚNETE AL 20% EN LA CIMA

Al parecer, la regla 80/20 también es aplicable en el mundo laboral. En este caso, 20% de la gente va por el carril de alta velocidad, aumenta su valor de forma continua, asciende y gana más dinero. En cambio, 80% de los empleados de todos los campos son solo oportunistas que llegan a trabajar al último minuto posible y, a diferencia de la gente en el carril de alta, desperdician el tiempo mientras están en su lugar de trabajo.

De acuerdo con Robert Half International, 50% del tiempo laboral se desperdicia. La mayoría de este tiempo se va en plática trivial con los compañeros de trabajo, es un tiempo que se pierde en distracciones electrónicas que no paran, en redactar correos electrónicos, en entrar y salir de las redes sociales, y en responder a mensajes de texto y llamadas telefónicas. La persona promedio, incluidos los gerentes, revisa su correo electrónico 45 veces al día.

La gente desperdicia su tiempo, llega tarde, se va temprano y toma prolongados descansos para almorzar y beber café, lee el periódico, se encarga de sus asuntos personales y, en general, funciona a un nivel inferior de desempeño.

LA RAÍZ DEL BAJO DESEMPEÑO

¿Por qué sucede todo esto? En gran medida, es resultado de hábitos que se formaron en una etapa temprana en la vida. La primera exposición al "trabajo" se presenta cuando una niña o un niño asiste por primera vez a la escuela. A ese niño lo rodean otros de su misma edad, y ¿qué haces cuando estás rodeado de niños de tu edad? ¡Te pones a jugar!

A partir de los cinco o seis años la escuela se convierte en el lugar principal de juego para un niño. Con el paso de los años, el niño evoluciona y crece en el sistema escolar enfocándose en las interacciones sociales y en jugar con los otros antes de entrar a la escuela, cuando está en la escuela, al terminar las clases por la tarde y los fines de semana.

Luego el joven adulto termina sus estudios y empieza a trabajar por primera vez. Lo primero que ve cuando mira alrededor en su nuevo lugar de trabajo es otras personas de su edad, y ¿qué haces cuando estás rodeado de niños de tu edad? ¡Te pones a jugar!

EL EFECTO DEL HÁBITO

De manera casi automática, como resultado del hábito, el trabajo se convierte en una extensión de la escuela, se transforma en el lugar principal de juego en la vida adulta. Se estima que la persona promedio no empieza a trabajar en verdad sino hasta alrededor de las 11:00 a.m. y luego va desacelerando hasta cerrar el día como a las 3:30 p.m. Entre las 11:00 a.m. y las 3:30 p.m.

pasa casi todo el tiempo jugando con sus amigos. Pero esto no es para ti.

Desperdiciar el tiempo y jugar con los amigos toda la jornada es para la gente que tiene muy poco o nada de futuro. Tú, sin embargo, eres distinto, tú consideras que el éxito y el logro en el trabajo es el trampolín para lograr tus metas y todo lo que deseas en la vida.

TRABAJA TODO EL TIEMPO QUE TRABAJAS

Por todo lo anterior, esta es la regla que debes obedecer: trabaja todo el tiempo que trabajes. Con esto quiero decir que cuando vayas a trabajar, trabajes. No juegues con tus amigos, no revises tu correo electrónico cada cinco minutos, no leas el periódico ni te encargues de tus asuntos personales. Trabaja todo el tiempo que trabajes. Si en verdad eres serio respecto a obtener resultados, comienza un poco más temprano, trabaja con un poco más de ahínco a lo largo del día, quédate hasta un poco más tarde, acelera el paso, muévete más rápido, mantente enfocado en tus tareas más importantes. No desperdicies el tiempo.

Si alguien quiere hablar contigo, dile: "Me encantaría platicar contigo, pero en este momento tengo que volver al trabajo".

Esta frase sirve para acallar a las personas casi de inmediato, porque ¿cómo podrían impedirte "volver al trabajo"? Diles que te encantaría hablar con ellas cuando termine la jornada o el fin de semana, pero mientras tanto, que tu mantra personal sea: "¡Volver al trabajo! ¡Volver al trabajo! ¡Volver al trabajo!".

Solo tú conoces tu objetivo, solo tú sabes qué significa hacerte de cierta reputación y que te reconozcan como la persona que más trabaja en tu empresa. En resumen, trabaja todo el tiempo que trabajes.

¿CUÁNDO ESTÁS TRABAJANDO?

Mucha gente cree que, como está en su lugar de trabajo, está trabajando. No obstante, uno solo trabaja cuando empieza y termina tareas importantes, es decir, solo trabajas cuando obtienes los resultados que tu empresa quiere y necesita para generar ingresos y crear valor. La gente de más alto nivel pasa más tiempo haciendo cosas de mayor valor, la gente promedio, en cambio, dedica mucho o casi todo su tiempo a actividades de menor valor o inútiles.

Todas las enseñanzas, libros y cursos sobre la administración del tiempo se resumen en una acción: instarte a cuestionarte a ti mismo y responder una pregunta: "¿Cuál sería la forma más valiosa en que podría usar mi tiempo en este momento?". Tu capacidad de hacerte esta pregunta, responderla con precisión y luego hacer precisamente lo más valioso con tu tiempo, es lo que determina tu éxito profesional de la misma manera, o mucho mejor, que cualquier otro factor.

COMIENZA Y SIGUE AVANZANDO

Hay una serie de estrategias, tácticas, métodos y técnicas que puedes aplicar e implementar para empezar y continuar avanzando hasta terminar las tareas más importantes que tienes que realizar. Para administrar tu tiempo de manera eficaz y obtener los mejores resultados, deberás empezar con metas claras y comprometerte con ellas.

Estas son algunas de las preguntas más trascendentes que te puedes hacer y responder de manera constante:

1. ¿Qué estoy tratando de hacer?
2. ¿Cómo estoy tratando de hacerlo?
3. ¿Qué tanto me está funcionando? ¿Estoy obteniendo los resultados que deseo?
4. ¿Qué estoy dando por hecho?
5. ¿Qué pasaría si mis suposiciones respecto a esto fueran incorrectas?
6. ¿Habrá una mejor manera de lograr los resultados que deseo?
7. Si empezara este trabajo de nuevo, ¿qué haría distinto?

Una vez que tengas claridad respecto a tu objetivo o tu meta más importante, y a tu prioridad, puedes aplicar todos los días una serie de técnicas y métodos probados que te permitirán terminar a tiempo tu tarea prioritaria.

HERRAMIENTAS PARA LA ADMINISTRACIÓN DEL TRABAJO

La herramienta más eficaz para la administración del tiempo es la lista. Empiezas por escribir tu meta o metas más ambiciosas y luego haces listas de verificación de todo lo que necesitarás para lograrlas. En tu trabajo puedes empezar con una lista de todo lo que quieres lograr cada día.

Lo ideal es que hagas tu lista la noche anterior, al terminar de trabajar, porque cuando planeas la jornada desde antes en realidad estás estableciendo una serie de objetivos menores para el día siguiente. Escribir esto en la noche le permite a tu mente supraconsciente trabajar en esa lista mientras duermes, por lo que en la mañana no es raro que despiertes con ideas y reflexiones que puedes usar para aprovechar al máximo tus labores más importantes y terminarlas más rápido.

Si no puedes hacer la lista la noche anterior, lo primero que deberás hacer en la mañana, antes que cualquier otra cosa, es planear tu día y poner todo en papel. Haz una lista de todo lo que planeas lograr y niégate a hacer cualquier cosa que no hayas incluido en la lista, incluso si solo es una llamada telefónica.

El simple hecho de trabajar a partir de una lista aumentará tu productividad entre 25 y 50% desde el primer día.

NO REVISES TU CORREO ELECTRÓNICO

Contrólate y evita revisar tu correo electrónico justo al despertar. Si logras vencer tu adicción a las interrupciones electrónicas, en especial el correo electrónico, podrás duplicar o incluso triplicar tu productividad. Proponte revisar el correo electrónico solo dos veces al día, a las 11:00 a.m. y a las 3:00 p.m. Apaga el sonido que emite tu computadora cuando llega un correo electrónico y no te permitas volverte el esclavo de alguien que se comunica al azar contigo para tratar asuntos que, en la mayoría de los casos, podrían esperar y ser atendidos más tarde, *mucho* más tarde.

ESTABLECE PRIORIDADES EN TU LISTA

Una vez que hayas preparado tu lista, es decir, tu plano del día, establece prioridades de tres maneras distintas antes de empezar a trabajar. Este es otro de los hábitos que puede incrementar de forma dramática tu productividad, tu desempeño y tus resultados.

Primero aplica la regla 80/20 a tus tareas y actividades diarias. Recuerda que 80% de tus resultados son producto de 20% de las tareas en tu lista. Si tienes que hacer dos cosas en un día, por ejemplo, dos de esas tareas serán más valiosas que las otras ocho juntas. ¿Cuáles serían?

EL SISTEMA ABCDE

Usa el sistema ABCDE para organizar tus tareas, aplica la idea de "consecuencias" en cada actividad. En la administración del tiempo, cualquier cosa que sea importante tendrá consecuencias serias y cualquier cosa que sea irrelevante tendrá muy pocas consecuencias o ninguna, así que piensa antes de actuar.

A = Algo que *tienes que hacer* y tendrá serias consecuencias si no lo terminas. Coloca una *A* junto a cada una de las tareas más importantes de tu lista.

B = Algo que *deberías hacer*, pero que no tiene consecuencias si lo haces o no, no es tan importante como tus tareas *A*.

C = Algo que *sería agradable hacer*, pero que no tendrá consecuencias negativas ni beneficios, como tomarte un descanso para el café, platicar con un compañero de trabajo o revisar tus redes sociales.

D = Algo que puedes *delegar*. Debes delegar todo lo que te sea posible, incluso tareas que te agradan y disfrutas. Lo importante es que liberes tu tiempo para solo hacer las cosas que haces mejor y que tienen mayor relevancia.

E = Algo que hay que *eliminar*. Deja de hacer, de forma deliberada, todas las tareas y actividades de poco o nulo valor.

Una vez que le hayas asignado una letra a cada tarea, vuelve a revisar las actividades y agrega un número a las tareas *A*, es decir, escribe A-1, A-2 y A-3. Luego haz lo mismo con las tareas *B*: B-1, B-2, B-3, etcétera.

La regla de este sistema dicta que nunca deberás hacer una tarea *B* si no has terminado una tarea *A*. Empieza a trabajar de inmediato en tu tarea A-1. En cuanto hayas definido tus prioridades, verás que todo lo que resta en tu lista es una pérdida de tiempo en comparación con tu tarea A-1.

Asimismo, practica la regla del 70%. Si alguien más puede hacer una tarea 70% tan bien como tú, delégala, transfiéresela a esa persona. Nuestra zona de confort nos tiene acostumbrados a hacer cosas que hicimos alguna vez en el pasado, pero que ya no tienen un impacto en los resultados que esperamos obtener.

Enfócate en tus tareas *A* y realízalas una por una hasta terminarlas.

LA LEY DE LAS TRES

Una de las herramientas de administración del tiempo más eficaces y productivas es la ley de las tres. Esta ley dice que tres de tus tareas equivalen a 90% del valor de tu contribución a tu empresa y a ti mismo, todo lo demás forma parte del 10% restante.

Cuando yo trabajo con mis clientes les pido que hagan una lista de todas las tareas, mayores y menores, que realizan a lo largo de una semana o un mes. La mayoría termina con una lista de entre 20 y 30 tareas, pero algunos regresan con una lista de ¡entre 50 y 60 tareas! Una vez que tengas tu propia lista, haz las tres preguntas mágicas.

1. Si solo pudiera hacer una de las tareas de la lista todo el día, ¿qué actividad aportaría mayor valor a mi empresa y a mí mismo?

   Esta respuesta suele saltar de la página, suele ser la más obvia y clara, y seguro conoces la respuesta, sea cual sea. A menos de que tengas claro de manera absoluta cuál es la tarea más valiosa que podrías estar haciendo, será imposible que alcances un nivel de productividad elevado.

HAZ QUE LO PRINCIPAL SEA LO PRINCIPAL

En una ocasión dirigí un ejercicio de planeamiento estratégico personal con el presidente de una gran empresa, quien sentía que tenía muy claro qué era lo más importante que podría estar haciendo todo el día. No obstante, cuando discutimos la situación un poco más a fondo, resultó que estaba muy equivocado. En efecto, la tarea era de gran importancia, pero no era algo que él tuviera que hacer. La manera más valiosa de usar su tiempo era haciendo algo distinto por completo.

Esta revelación cambió su carrera y la dirección de su empresa. En los 12 meses siguientes todos los empleados practicaron la ley de las tres y la empresa duplicó sus ventas y su rentabilidad.

2. Ahora pregúntate: "Si solo pudiera hacer dos cosas de esta lista todo el día, ¿cuál sería la número dos?".

   Esto no es siempre fácil de determinar, a menudo necesitarás sentarte con tu jefe, tus colegas y tus compañeros de trabajo para escuchar sus opiniones. No es raro que llegues a la conclusión de que una tarea es más importante, pero que para tu jefe y tus compañeros sea mucho más relevante otra de las cosas que haces.
3. Ahora hazte la tercera pregunta mágica: "Si solo pudiera hacer tres cosas de la lista todo el día, ¿cuál sería la tercera tarea más importante?".

Una vez más, si no estás seguro, habla con la gente que te rodea. Algunas personas saben la respuesta desde el momento en que les haces la pregunta, pero otras no la tienen tan clara, sin embargo, debes saber con exactitud porque, de lo contrario, corres el riesgo de desperdiciar tu tiempo en cosas de menos, o incluso, nulo valor.

CUATRO COROLARIOS DE LA LEY DE LAS TRES

Una vez que hayas definido tus "Tres tareas más importantes", practica este sencillo sistema para duplicar y triplicar tu productividad y resultados:

1. Siempre haz menos cosas. Seamos honestos: nunca vas a ponerte al día, nunca podrás terminar todas las tareas pendientes. La única manera en que puedes asumir el control de tu vida es dejando de hacer las cosas de poco valor.
2. Haz cosas más importantes. Trabaja en una o más de tus tres tareas más relevantes.
3. Haz las tareas importantes la mayor parte del tiempo. De ser posible, pasa todo tu día haciéndolas.
4. Vuélvete más hábil en cada una de tus tareas más importantes. El aprendizaje continuo y el mejoramiento personal son esenciales para tu éxito, pero ¿en qué áreas? Respuesta: trata de obtener mejores resultados en las tareas que son más importantes que cualquier otra cosa.

PREGUNTAS QUE DEBERÁS HACERTE

Una de las mejores preguntas para la administración del tiempo es: "Si pudiera realizar una tarea en especial bien, ¿cuál tendría el impacto más positivo en mi trabajo?".

Esta pregunta siempre tiene respuesta, ¿qué es eso que solo tú puedes hacer y que, si lo haces bien, marcará una verdadera diferencia? Cualquiera que sea tu respuesta, en eso deberías trabajar la mayor parte del tiempo, de hecho, esta actividad casi siempre será una de tus "Tres tareas más importantes".

Revisa tu lista de actividades del día y hazte esta pregunta: "Si tuviera que salir de la ciudad un mes y solo pudiera hacer una actividad de esta lista, ¿cuál es seguro que terminaría antes de partir?

Cualquiera que sea tu respuesta, lo más probable es que debas empezar a trabajar en eso antes que nada, desde temprano por la mañana.

CÓMO SUPERAR LA PROCRASTINACIÓN

Tu habilidad para superar la procrastinación y empezar a trabajar en tu tarea más relevante es la disciplina más valiosa que puedes desarrollar.

La verdad es que todos procrastinamos. La gente sumamente productiva procrastina tanto como la gente improductiva, pero entonces, ¿cuál es la diferencia? La gente productiva procrastina en las tareas de bajo valor, es decir, practica la "procrastinación creativa" y decide de manera consciente qué tareas no realizará sino hasta más tarde.

La gente improductiva procrastina en tareas de alto valor, esas pocas que podrían marcar una gran diferencia para su empresa y su vida profesional.

Estas son algunas técnicas probadas para superar la procrastinación:

1. Antes de empezar, haz una lista de todo lo que tienes que hacer cada día. Ya hablamos de esto en detalle.
2. Toma tu tarea más importante y haz una lista de todos los pasos que tendrías que completar para llevarla a cabo.
3. Practica el método de las rebanadas de salami. Primero rebana una rodaja de una tarea imponente y dedícate solo a eso. A menudo, esta acción te permitirá lanzarte de lleno al proyecto y eliminar la procrastinación de golpe.
4. Pon a prueba la técnica del queso suizo. Elige una parte de una tarea importante y decídete a completarla de inmediato. Con frecuencia, esto quiebra la enorme presa que es la procrastinación y permite que fluyas como agua desbordada hacia la tarea más valiosa.
5. Prémiate. Otórgate una recompensa específica como una taza de café o un breve descanso por haber completado una de las tareas menores de tu lista.
6. Trabaja en bloques de 10 minutos. En lugar de preocuparte por completar toda la tarea, decide trabajar con toda tu energía durante 10 minutos para comenzar.
7. Antes de empezar, ten a la mano todo lo que necesitas. Prepararte para trabajar suele lanzarte de lleno a tu tarea.
8. Aplica la regla 80/20 en la realización de una tarea más ambiciosa. Esta regla dicta que el primer 20% de la tarea suele contener 80% del valor de todo el trabajo. Decide hacer ese primer 20%, eso te ayudará a eliminar la procrastinación en esa tarea específica.

La clave del éxito en tu trabajo radica en terminar todas las tareas y, para lograrlo, me parece que la técnica de administración del tiempo más eficaz es el concepto del "manejo único" (*single-handling*).

Este concepto implica que una vez que hayas empezado a trabajar en tu tarea más importante, tengas la disciplina de enfocarte y concentrarte en ella al cien por ciento hasta terminarla.

SI COMIENZA BIEN, LA MITAD DEL TRABAJO ESTÁ HECHA

El hábito de empezar a trabajar en tu tarea más importante en la mañana y terminarla transformará tu vida. Terminar una tarea libera endorfinas en tu cerebro, es decir, la "droga natural de la felicidad". Las endorfinas aumentan tu creatividad, mejoran tu personalidad, te motivan y te dan energía. También te hacen sentir más poderoso y productivo.

Cuando empiezas y terminas una tarea importante temprano, te lanzas a "la zona". Con esto quiero decir que, a lo largo de todo el día, funcionas a un nivel más elevado, haces más cosas más rápido y la calidad de tu trabajo aumenta.

ENFÓCATE EN LOS RESULTADOS

Continúa preguntándote: "¿Qué resultados esperan de mí?".

Y de todos los resultados que podrías producir, ¿cuáles son las tareas más importantes que necesitarías hacer más rápido y mejor, y que marcarían la mayor diferencia en tu carrera?

No importa cuál sea tu respuesta, aborda esa tarea de inmediato y continúa trabajando en ella hasta terminarla. Desarrollar este hábito te ayudará a pasar muy pronto a las filas de la gente más productiva de tu negocio y de la industria en que te desempeñas.

EJERCICIOS PARA ENTRAR EN ACCIÓN

1. Piensa en papel, escribe todo. Siempre trabaja a partir de una lista o, mejor aún, de una lista de verificación.
2. Aplica la ley de las tres y define tus "tres tareas" más importantes, aquellas que representan 90% del valor de tu contribución a tu empresa y a ti mismo.
3. Sé disciplinado y, todas las mañanas, empieza a trabajar de inmediato en aquello que represente el uso más valioso de tu tiempo. Persiste y trabaja en ello hasta que hayas completado la tarea.

Capítulo 6

El pensamiento positivo vs. el pensamiento negativo

> Asume la responsabilidad de exigirte un estándar más alto que el que cualquiera esperaría de ti. Nunca des excusas. Nunca sientas lástima por ti mismo. Sé un amo implacable contigo mismo, pero indulgente con todos los demás.
>
> Henry Ward Beecher

Aristóteles, quizá el filósofo más importante de todos los tiempos, estudió la condición humana de una forma más extensa que cualquier otro hombre en la historia. Llegó a la conclusión de que el objetivo final de toda vida y de todo esfuerzo era la felicidad. Dijo que todos los actos que realiza una persona tienen como fin alcanzar un nivel de felicidad más elevado, sin importar cómo la defina cada individuo.

Quieres un buen empleo, ¿por qué? Para ganar más dinero. ¿Por qué? Para poder proveerle todo lo necesario a tu familia y gozar de un buen estilo de vida. ¿Por qué? Para alcanzar la seguridad personal y financiera. ¿Por qué? Para ser feliz.

LA VERDADERA MEDIDA

Para medir tu éxito en la vida con precisión necesitas ver cuán feliz eres la mayor parte del tiempo. Si eres adinerado, famoso o poderoso, pero no eres feliz, fallaste en tu responsabilidad principal contigo mismo como ser humano.

Todos los actos humanos tienen como objetivo alcanzar un nivel más elevado de felicidad, independientemente de cómo la defina cada individuo. Esto, sin embargo, no significa que todos los actos conduzcan a la felicidad. Al tratar de alcanzar la felicidad, mucha gente hace de su vida un verdadero desastre y termina más infeliz e insatisfecha de lo que sería si no hubiera hecho nada. Por eso existen ejemplos de la ley de las consecuencias inesperadas y la ley de las consecuencias perversas.

Lo que la gente trata de lograr todo el tiempo es tener emociones positivas como amor, alegría, paz, entusiasmo, éxito y la sensación de que está aprovechando todo su potencial.

¿QUÉ HACE LA GENTE EXITOSA?

La gente exitosa practica el pensamiento positivo la mayor parte del tiempo y, gracias a ello, es más feliz, ingeniosa y popular, además de que extrae de la vida un placer más real que el que extrae la persona promedio.

Lo opuesto del pensamiento positivo es el pensamiento negativo. Los pensadores negativos suelen ser hostiles y suspicaces, desconfían de los otros y la mayor parte del tiempo esperan que les sucedan cosas desfavorables. Tienen personalidad negativa y se critican mucho a sí mismos y a la gente que los rodea. Sin importar lo que suceda, rara vez se sienten satisfechos durante un periodo considerable. Para ellos, la vida es una serie de problemas y dificultades sobre las que sienten que tienen muy poco control y que perciben como algo respecto a lo que no pueden hacer nada.

Hace muchos años, cuando empecé a preguntarme "¿por qué algunas personas son más exitosas y felices que otras?", estudié la diferencia entre las emociones positivas y las negativas, y lo que descubrí cambió mi vida para siempre.

EL GRAN HALLAZGO

Descubrí que, independientemente de cómo definieran la felicidad, todas las personas querían ser felices. Asimismo, me di cuenta de que las emociones negativas eran el principal obstáculo entre toda persona y la felicidad que anhelaba. De hecho, las emociones negativas son la raíz de casi todos los problemas en la vida. Si pudiéramos eliminar de alguna manera las emociones negativas, también eliminaríamos la mayor parte de los problemas de la humanidad.

Existe una manera de hacerlo. La naturaleza aborrece el vacío, así que si eliminas las emociones negativas, tu mente se llenará de emociones positivas de manera automática. Cuando eliminas las emociones negativas puedes por fin aprovechar todo tu potencial.

Por todo lo anterior, el principal trabajo en la vida es eliminar las emociones negativas.

UN PENSAMIENTO A LA VEZ

Tu mente solo puede tener un pensamiento a la vez, ya sea positivo o negativo, y si no te aferras de forma deliberada a una emoción o pensamiento positivo, un pensamiento negativo tenderá a ocupar espacio en tu mente, al menos al principio. Esto sucede porque los pensamientos negativos suelen ser sencillos y automáticos, y porque son la configuración base del cerebro de la mayoría de la gente.

De hecho, pensar de forma positiva exige un esfuerzo hasta que se convierte en una respuesta habitual ante la vida y las circunstancias. Por suerte, el aprendizaje y la práctica te pueden ayudar a convertirte en un pensador positivo.

El primer paso para eliminar las emociones negativas consiste en entender de dónde provienen para empezar. La buena noticia es que ningún niño nace con miedos o emociones negativas: todo esto se les enseña a los pequeños a lo largo de sus años de formación. Y dado que las emociones negativas son aprendidas, también pueden desaprenderse.

Como las emociones negativas son formas habituales de responder y reaccionar a la gente y las situaciones, pueden ser remplazadas con hábitos constructivos con las mismas funciones. Es algo que depende mucho de una elección personal.

Abraham Lincoln dijo: "La mayoría de la gente es tan feliz como decide serlo".

EL RECIÉN NACIDO

Los niños nacen con dos características maravillosas: audacia y espontaneidad. Los niños recién nacidos son intrépidos en extremo, a medida que van creciendo, tocan, intentan y prueban todo sin importar cuán peligroso sea. Por eso sus padres tienen que pasar los primeros años de la vida del pequeño o pequeña impidiéndole que se mate.

Los niños también nacen siendo espontáneos. Ríen, lloran, hacen pipí o popó, y se expresan las 24 horas del día sin límites ni restricciones. Un niño no se preocupa por las reacciones ni las respuestas de los demás, no le importan.

EL MIEDO AL FRACASO Y LA CRÍTICA

Debido a los errores que cometen los padres, los niños empiezan a desarrollar desde una etapa muy temprana los dos miedos principales de la vida adulta: el miedo al fracaso y el miedo a la crítica. Cuando los padres tratan de contener o restringir el comportamiento de sus niños, les dicen cosas como: "¡No! ¡Deja de hacer eso! ¡No lo hagas! ¡Aléjate de ahí!". O, incluso peor, les imponen castigos físicos para limitar su audacia al explorar su mundo. Por eso los niños desarrollan muy pronto la creencia de que son pequeños e incompetentes. Poco después, ya no tratan de alcanzar objetos ni prueban nuevas cosas y, cuando se enfrentan a algo nuevo o diferente, empiezan a decir: "No puedo, no puedo, no puedo".

Esta sensación de "No puedo", se convierte muy pronto en miedo al fracaso y, cuando el niño crece, se transforma en una preocupación respecto a la pérdida o la pobreza. A los adultos les da miedo perder su dinero y su tiempo, perder la seguridad y la aprobación de otros, perder el amor de alguien importante, perder la salud, y también le temen a la posibilidad de ser pobres. Este miedo generalizado al fracaso se convierte en una especie de freno al potencial del niño y luego al del adulto; de hecho, es el mayor obstáculo para el éxito en la vida adulta.

EL MIEDO A LA CRÍTICA

Los niños pequeños también pierden su espontaneidad natural. Debido a los errores que cometen sus padres, en especial cuando les muestran que su amor y afecto por ellos dependen de que hagan, o no, lo que ellos quieren, los niños desarrollan desde muy pequeños el miedo a la crítica y el rechazo.

Cuando los padres se enojan y amenazan con no aprobar el comportamiento del niño si no hace lo que ellos desean, el pequeño empieza a pensar: "Tengo que hacer lo que mami y papi quieren, porque si no ya no me amarán". Para los niños, el amor y la seguridad que les ofrecen sus padres son fundamentales, y por eso les aterra cualquier cosa que les parezca una amenaza o les haga sentir que perderán dichos sentimientos. De hecho, la amenaza es lo que hace que se comporten bien o mal, dependiendo de si sienten que podrían perder el cariño de sus padres o no.

EL AMOR RETENIDO

Los psicólogos suelen estar de acuerdo en que la mayoría de los problemas en la vida adulta provienen del "amor retenido" durante una etapa temprana de la infancia. La manera más eficaz y profunda de distorsionar la personalidad adulta se basa en la "privación del amor" o en darle amor a un niño pequeño y luego privarlo del mismo.

Los niños necesitan amor de la misma forma que las rosas necesitan agua de lluvia. Si no recibe un flujo ininterrumpido de amor incondicional, el niño crece siendo vulnerable en el aspecto emocional y, poco después, es susceptible de experimentar las emociones negativas de todo tipo.

Alexander Pope escribió: "De la misma forma en que se dobla la rama, se inclina el árbol", lo que quiere decir que una infancia negativa conduce a una adultez negativa.

NECESIDADES DE DEFICIENCIA Y NECESIDADES DE SER

El psicólogo Abraham Maslow estudió los estilos de personalidad de la gente autorrealizada y llegó a la conclusión de que a 98% de los adultos los regían "las necesidades de deficiencia", como decidió llamarles. De acuerdo con Maslow, en lugar de esforzarse por alcanzar su potencial total, los adultos se pasaban toda la vida tratando de compensar las deficiencias que percibían en sí mismos, en especial las que tenían que ver con el sentimiento de "no merecimiento" y con la idea "No soy lo bastante bueno".

Maslow dijo que solo 2% de los adultos experimentaban "necesidades de ser", las cuales definió como el deseo y la confianza de crecer y desarrollar todo su potencial en la vida. A este tipo de personas las denominó "gente autorrealizable", e indicó que se caracterizaban por tener un nivel elevado de autoestima y confianza en sí mismas.

LOS METAFÍSICOS RUSOS

Hace más de 100 años los metafísicos rusos Peter Ouspensky y G. I. Gurdjieff desarrollaron un sistema de enseñanza para ayudarles a sus estudiantes a identificar y eliminar las fuentes y causas de sus emociones negativas. Al igual que los psicólogos modernos, llegaron a la conclusión de que si las emociones negativas fueran eliminadas, solo quedaría un ser humano maduro, funcional, positivo y autorrealizado. Al parecer, la mayoría de la gente tiene este objetivo en su vida.

Pero entonces, ¿cuál es la raíz de las emociones negativas en la vida adulta? Hay varias, exploremos una por una.

LAS RAÍCES DE LAS EMOCIONES NEGATIVAS

1. **RACIONALIZACIÓN.** Las emociones negativas se producen cuando tratamos de explicar una situación o comportamiento en nuestra vida que nos resulta desagradable y del que tratamos de deshacernos. La racionalización ha sido definida como "darle una interpretación favorable a una situación desfavorable".

Siempre tratamos de racionalizar y explicarnos los comportamientos negativos que nos impiden disfrutar del éxito y la felicidad que en verdad deseamos en la vida. En resumen, nos los explicamos para eliminarlos. Racionalizamos nuestra deshonestidad diciendo: "Todos lo hacen". Racionalizamos nuestra obesidad diciendo: "La definen mis genes" o "Son las hormonas". Racionalizamos la pereza, llegar tarde, no tener autodisciplina y carecer de buenos hábitos de trabajo diciendo: "Es que así soy", y luego, para no tener que mejorar nunca, nos comparamos de manera favorable con gente que hace las cosas aún peor.

Racionalizar nuestros comportamientos negativos de forma continua para anularlos solo nos hace sentir más infelices e insatisfechos, y nos impide progresar en la vida.

2. **JUSTIFICACIÓN.** Hay otra fuente importante de emociones negativas que se presenta cada vez que justificamos nuestros comportamientos negativos explicándolos de alguna manera para anularlos. Justificamos nuestras emociones negativas diciéndonos a nosotros mismos y a cualquiera que esté dispuesto a escucharnos que tenemos todo el derecho de experimentar dicha emoción porque cierta persona, en algún lugar, nos hizo algo o le hizo algo a alguien más.

   La justificación nos permite inventar elaboradas razones para explicar problemas que tenemos en nuestra vida o que otros tienen. Sin embargo, si no pudieras justificar un sentimiento o comportamiento negativo, este desaparecería de inmediato.

3. **MORALISMO.** Muchas de nuestras emociones negativas son producto de nuestra tendencia a juzgar a otras personas.

De hecho, nos erigimos como jueces, jurado y verdugos. Llegamos a la conclusión de que la otra persona es culpable de hacer o dejar de hacer algo, la condenamos por su mal comportamiento y le asignamos una sentencia.

Por esto, una de las enseñanzas más importantes de la Biblia y otras escrituras religiosas es: "No juzguéis si no queréis ser juzgados". Cuando juzgas y condenas a otros, y cuando decides que son culpables, tu visión, ideas y sentimientos respecto a ellos se vuelven negativos.

La Biblia también dice: "Como juzguéis, seréis juzgados". Esto significa que cuando juzgas y condenas a alguien más, en realidad te juzgas y te condenas a ti mismo. Aunque te parezca que esa persona es culpable y tengas sentimientos negativos hacia ella, en realidad tus sentimientos serán negativos hacia ti mismo en la misma medida o incluso en mayor medida. Asimismo, en la mayoría de los casos, la otra persona ni siquiera sabe que atravesaste todo un proceso para juzgarla y condenarla. De hecho, a la persona con la que estás enojado ni siquiera le interesa.

4. **HIPERSENSIBILIDAD.** Debido al desarrollo de sentimientos de rechazo y crítica en la infancia, es muy común que, al crecer, la gente se vuelva hipersensible a los pensamientos, sentimientos y comportamientos de otros. Vemos y percibimos críticas y desdén a pesar de que en realidad no existen. Somos hipersensibles a lo que creemos que otras personas podrían pensar y sentir respecto a nosotros. Nos preocupa tanto desagradar o que otros no nos aprueben, que a menudo nos quedamos paralizados o no podemos actuar y hacer lo que más nos conviene.

En las ventas y los negocios nos encontramos todo el tiempo con clientes que no pueden tomar una decisión de compra de ningún tipo sin consultar y obtener la aprobación absoluta de una o más personas de su familia o negocio. La hipersensibilidad en formas extremas puede llegar a paralizar a la gente e impedirle tomar las decisiones que más le convienen.

LA CAUSA DE LAS EMOCIONES NEGATIVAS

Las emociones negativas se reducen a un enojo de algún tipo, ya sea un enojo que se expresa hacia el interior y te enferma físicamente, o que se expresa hacia el exterior y hace que otros se sientan molestos o se muestren hostiles.

La mayoría de las dificultades psicológicas y psicosomáticas son producto de la represión de nuestras emociones negativas, de la depresión que nos causan, de la forma en que las proyectamos hacia otros y las desplazamos al molestarnos "por culpa" de los demás, cuando en realidad estamos enojados con nosotros mismos.

Como ya lo mencioné, las emociones negativas más comunes en nuestra sociedad son, para empezar, los miedos de todo tipo. También hay emociones de envidia y resentimiento, son emociones gemelas que impulsan buena parte de la actividad política en casi todas las sociedades. Asimismo, hay envidia emparejada con sentimientos de inferioridad, lo que hace que el individuo piense: "Nadie podría amarme jamás". También hay emociones como el odio, la hostilidad y la desconfianza.

EL ÁRBOL DE LAS EMOCIONES NEGATIVAS

Si pudieras imaginar un "árbol de las emociones negativas", las verías todas como frutos creciendo. Para eliminar tus emociones negativas tienes que encontrar la manera de talar este "árbol".

Y te daré una gran noticia: el tronco del árbol de la emoción negativa es la culpa. Es decir, es imposible tener una emoción negativa sin culpar a otros de algo que hicieron o dejaron de hacer, y con lo que no estás de acuerdo. En cuanto dejes de juzgar a esas personas, tus emociones negativas se desvanecerán por completo.

ELIMINA LA CULPA

Pero ¿cómo dejar de culpar? La respuesta es sencilla y revolucionaria: es imposible culpar a alguien más de una emoción negativa y, al mismo tiempo, aceptar la responsabilidad de la situación. El simple hecho de aceptar la responsabilidad anula la emoción negativa relacionada con la situación, persona, problema o dificultad en cuestión.

¿Y cómo puedes activar esta noción de responsabilidad? Solo di las palabras mágicas: "Yo soy el responsable".

Esta afirmación positiva expresada en presente elimina las emociones negativas de todo tipo en un instante.

Como tu mente solo puede tener un pensamiento a la vez, ya sea negativo o positivo, puedes cancelar cualquier pensamiento negativo en cualquier momento, basta con que te repitas una y otra vez lo siguiente: "¡Soy el responsable! ¡Soy el responsable! ¡Soy el responsable!".

¿Cómo apagar las lucecitas de tu árbol de Navidad? Muy sencillo: jala el cable y desenchúfalo. Las luces se apagarán en un instante.

¿Cómo deshacerte de todas tus emociones negativas? De la misma manera, anulándolas cada vez que surjan. En cuanto digas "¡Soy el responsable!", desaparecerán.

ACEPTA EL CIEN POR CIENTO DE LA RESPONSABILIDAD

La clave de la autoestima, la confianza en uno mismo, la independencia y el respeto propio radica en aceptar el cien por ciento de la responsabilidad de todo lo que eres y lo que serás en la vida. En cuanto asumas toda esta responsabilidad sin dar excusas, te sentirás en calma, positivo y con la mente clara. El sol saldrá en tu vida y las sombras se disiparán.

Por otra parte, la eliminación de las emociones negativas implica algo esencial: la práctica del perdón. En la vida, a todos nos ha lastimado alguien más. Hemos tenido una infancia difícil, experiencias negativas al crecer, malas relaciones, empleos que no nos funcionaron e inversiones que salieron mal. A todos nos han mentido, engañado, lastimado. No hay nadie de quien no se hayan aprovechado o de quien no hayan abusado de alguna manera. Por desgracia, esto es normal, natural, es una parte inevitable de la experiencia humana. La pregunta es: "¿Qué vas a hacer al respecto?".

PERDONA Y OLVIDA CON LIBERTAD

¿Cómo ser libre? Para ser libre hay que perdonar a todos los demás. Para ser feliz debes perdonar a todas las personas que te hayan lastimado de alguna manera. Tienes que dejar ir, de manera abierta, libre y total, todos tus pensamientos, sentimientos o experiencias en relación con cualquiera que te haya lastimado. Tienes que declarar una amnistía general.

Respecto a este punto, debido a mi razonamiento, en mis seminarios y talleres los asistentes coinciden en que, tomando todo en cuenta, perdonarán a todas las personas que los hayan dañado o lastimado de alguna manera. Si tú, como la mayoría de la gente, también estás de acuerdo con el concepto del perdón, ahora solo tendrás que preguntarte: "¿A quiénes necesito perdonar?".

Hay tres tipos de personas a las que debes perdonar:

1. Debes perdonar a tus padres. Debes dejarlos ir y liberarlos. Debes perdonarles cualquier error que hayan cometido mientras te criaban.

   Muchos niños crecen con la irrazonable creencia de que, dado que sus padres son las personas más importantes en su vida, deben ser perfectos y, de alguna manera, omniscientes. Pero el hecho es que tus padres son personas normales como tú o como yo, y cometieron todo tipo de errores debido a su ignorancia e inexperiencia.

   Tienes que perdonarles todos los errores que cometieron mientras te criaban, debes dejarlos tranquilos por completo. E incluso mejor: tienes que ir a verlos y decirles que los perdonas por todo lo que hicieron o dijeron que te lastimó de alguna manera. Libéralos a ellos y libérate a ti mismo.

2. Debes perdonar a todas las personas que te han lastimado de alguna forma, ya sea la gente con la que tienes relaciones personales o tus socios de negocios. Debes perdonar incluso a las personas con quienes tuviste alguna relación profunda o con quien estuviste casado y que te provocaron una aflicción emocional enorme. Solo debes perdonar.

   Debes declarar una amnistía para todos aquellos en quienes todavía piensas de vez en cuando de forma negativa, con coraje y con el deseo de castigarlos o vengarte de ellos de alguna manera.

   Recuerda que no estás perdonando por el bien de la otra persona, sino por tu propio bien. El perdón es el acto egoísta por excelencia, perdonar es algo que haces para ti mismo. Cuando perdonas y dejas el daño atrás, te liberas a ti al mismo tiempo.

3. Por último, debes perdonarte a ti mismo. Debes perdonarte por todas las cosas malas, insensatas y estúpidas que hayas hecho en algún momento de tu vida y que hirieron a alguien por alguna razón.

   Recuerda que la persona que eres hoy no es la que eras cuando heriste a alguien más. La persona que eres hoy no es la misma que haría lo que hiciste en el pasado.

DEJA TODO PASAR

Para liberarte es necesario que te perdones a ti mismo por todos los errores que hayas cometido, porque la verdad es que, en el fondo, eres una muy buena persona. Cualquier error que hayas cometido en el pasado se debió a la juventud, la inexperiencia y a una falta de conocimiento o comprensión. Sin embargo, ya pasó, ya quedó atrás. Todos esos hechos están ahora en el pasado, así que déjalos ir y continúa con el resto de tu vida.

Helen Keller dijo: "Cuando volteas a la luz del sol, las sombras se disipan detrás de ti".

Si quieres convertirte en una persona por completo positiva, tu tarea más importante en la vida será dejar el pasado atrás y voltear hacia la luz del sol. Conviértete en alguien positivo, piensa en las cosas que quieres y necesitas, piensa en el lugar a donde te diriges y en lo que puedes lograr. Piensa en la extraordinaria persona que eres y en todo lo que puedes llegar a ser.

LA CLÁUSULA DEL VIAJE

He trabajado con más de un millón de personas alrededor de estas ideas, y casi todas ellas estuvieron de acuerdo en que perdonarían, olvidarían y dejarían atrás el pasado. Sin embargo, hay quienes, al mismo tiempo, plantaron en su interior las semillas de su propia destrucción.

Me causó sorpresa cómo se aferraban a cierta parte de su pasado. Dijeron algo como: "Decido perdonar a todas las personas que me han lastimado en la vida por alguna razón. Desde ahora las voy a liberar y dejar ir… excepto a aquella persona o situación particular".

Todos los problemas psicológicos, emocionales y psicosomáticos pueden rastrearse hasta el momento en que una persona fracasó porque no dejó atrás un suceso negativo que aún la hace enfurecer y que no logra perdonar.

EL MERCEDES-BENZ NUEVO

Te daré un ejemplo. Imagina que vas a un concesionario y ordenas un Mercedes-Benz nuevo. Te lo entregan y es perfecto en todos los aspectos salvo uno. Por alguna razón, mientras fabricaban el automóvil, los ingenieros instalaron por error el freno en una de las llantas del frente y, por lo tanto, cada vez que el automóvil frena la llanta no puede girar.

Te subes a tu Mercedes-Benz nuevo y giras la llave de encendido. El motor se enciende, metes la primera velocidad y pisas el acelerador. ¿Qué sucedería? Si uno de los frenos del frente estuviera bloqueado, tu hermoso automóvil solo podría dar vueltas en círculos. Podrías girar el volante y pisar el acelerador aún más, pero el automóvil continuaría dando vueltas en círculo sin llevarte a ningún lado. Entre más presionaras el acelerador, más sobrecalentarías y dañarías el motor y las llantas traseras.

QUITA LOS FRENOS

Con tu vida sucede lo mismo. Si hay una persona en tu vida a la que te niegas a perdonar, alguien con quien sigues enojado, será como si tuvieras bloqueados los frenos de tus propias llantas. Tu vida girará y girará, te desgastarás emocional y físicamente. Jamás serás feliz en verdad y tampoco progresarás. Pensarás en esa persona o suceso negativo todo el tiempo, año tras año, y será como si mantuvieras tu pie mental pisando los frenos emocionales.

Esta sencilla reflexión es la clave para entender la psicología y las enfermedades psicosomáticas. Lo que bloquea a una persona en un lugar y la mantiene atrapada en el pasado es su rechazo a dejar atrás un solo suceso o varios. Este rechazo a perdonar impide todo progreso.

¿Quién es esa persona o cuál es el suceso que no puedes o has decidido no dejar ir? Sea lo que sea, debes tener la fuerza y el valor suficientes para hacerlo. No importa cuán doloroso haya sido, es necesario que digas las palabras mágicas: "Lo perdono, o la perdono, por todo. Voy a dejar esto atrás. Ha terminado".

RESPONSABILIDAD, CONTROL Y EMOCIONES POSITIVAS

Existe una relación directa entre la cantidad de responsabilidad que aceptas y la cantidad de control que crees tener sobre tu vida. Como todo el estrés y las emociones negativas son producto de que sentimos que hemos perdido el control de alguna manera, en cuanto aceptes la responsabilidad volverás a asumir el control de ti mismo y de todo lo que te suceda.

De hecho, hay una relación directa entre la aceptación de la responsabilidad, la sensación de control y las emociones mentales positivas. Entre más aceptas responsabilidad y te sientes en control, más positivo te sientes respecto a ti mismo y a tu mundo. Por último, también hay una relación directa entre las emociones positivas y la felicidad, pero tú eres quien decide.

ASUME EL CONTROL

Cuando culpas a alguien más de algo, cedes el control de tus emociones, se lo entregas a la persona a la que estás culpando, lo sepa ella o no. Al culpar a alguien más de algo, le das el poder de manipular y dominar tus emociones a larga distancia. Negarte a perdonar y a dejar ir a esa persona en paz hace que le cedas el control y el poder sobre tu felicidad. Y en la mayoría de los casos ni siquiera se entera de cuánto influye en tu felicidad y tu bienestar.

Quejarte y criticar a otros hace que te asumas como la "víctima". Culpar a otros hace que te sientas pequeño, débil, enojado e inferior. En lugar de verte como un individuo responsable y capaz de confiar en sí mismo, permites que otros te controlen y dejas de estar a cargo de tu propia vida y tus emociones. Cuando juzgas a otros te vuelves negativo, amargado, desconfiado, hostil y débil. ¿Era eso lo que tenías en mente para tu vida?

DI LAS PALABRAS MÁGICAS

La buena noticia es que siempre puedes decir las palabras mágicas: "Yo soy el responsable", y colocarte de vuelta en el asiento del piloto de tu vida emocional. Cada vez que experimentes un pensamiento negativo de cualquier tipo, anúlalo enseguida diciendo la frase: "¡Yo soy el responsable!". Hazlo una y otra vez hasta que se vuelva una acción automática y sencilla. Aceptar la responsabilidad es el rasgo del líder, de quien logra cosas, de la mujer o el hombre autorrealizado.

Decide hoy mismo volverte un adulto responsable, maduro y funcional, solo repite la frase: "Yo soy el responsable" varias veces y con convencimiento. Esta es la verdadera clave del pensamiento positivo.

EJERCICIOS PARA ENTRAR EN ACCIÓN

1. Decide hoy mismo convertirte en una persona positiva. Busca lo bueno en todas las personas y situaciones, créeme que siempre lo encontrarás.
2. Decide eliminar las emociones negativas que interfieren con tu felicidad. Niégate a pensar o hablar de las cosas que te molestan o incomodan.
3. Declara una amnistía para toda la gente que te haya herido. Practica el perdón como tu base para avanzar en la vida.

Capítulo 7

El pensamiento flexible vs. el pensamiento rígido

> El individuo que quiere llegar a la cima en los negocios debe apreciar toda la fuerza y el poder del hábito. Debe actuar rápido y romper con las costumbres que podrían destruirlo, y prepararse para adoptar las prácticas susceptibles de convertirse en los hábitos que le ayudarán a alcanzar el éxito que desea.
>
> J. Paul Getty

En tiempos de turbulencia y cambio vertiginoso, tu capacidad de pensar de manera flexible, de considerar todos los aspectos de una situación y de responder con eficacia al cambio puede tener un impacto enorme en tu negocio y tu carrera.

En 1952 Albert Einstein daba clases en la Universidad de Princeton. Un día caminó de vuelta a su oficina acompañado de su asistente universitario, quien llevaba consigo las copias de un examen que les acababa de aplicar a los estudiantes de una clase avanzada de física.

Titubeando un poco, el asistente se atrevió a decirle al profesor algo que había notado.

—Disculpe que le pregunte, pero ¿no es este el examen que les aplicó a estos mismos estudiantes de física el año pasado?

—Sí, es el mismo examen —respondió Einstein.

—Pero ¿por qué aplicarles el mismo examen a los mismos estudiantes dos años seguidos? —preguntó el asistente titubeando aún más.

—Porque las respuestas han cambiado.

En la década de los cincuenta, en el ámbito de la física se estaban registrando nuevos avances, teorías y descubrimientos de forma continua en todo el mundo. Las respuestas que eran correctas un año ya no lo eran un año después porque, en ese lapso, surgieron nuevas ideas y hubo innovaciones.

TUS RESPUESTAS CAMBIARON

Tú te encuentras en la misma situación: las respuestas han cambiado en muchas áreas de tu vida. Lo que hace un año era verdadero y válido, hoy es obsoleto, ya sea de forma parcial o total. Las ideas a las que te aferrabas hace un año o dos, o incluso hace un mes, ya no son ni válidas ni relevantes en los turbulentos mercados de hoy.

En el ámbito de la tecnología, por ejemplo, dicen que un producto se vuelve obsoleto incluso en el instante que llega a los estantes de las tiendas. Para cuando llega al mercado, ya fue remplazado por otro producto de la misma empresa que lo desarrolló o de una empresa competidora. La vida de la tecnología en los estantes es cada vez más breve, lo mismo sucede con la información y la competencia: están cambiando a una velocidad vertiginosa.

LA CUALIDAD MÁS IMPORTANTE

En 1995, en el Menninger Institute de Nueva York se llevó a cabo un estudio para determinar la cualidad o cualidades más importantes para el éxito de un negocio en el siglo XXI. Los investigadores llegaron a la conclusión de que la cualidad más importante era la "flexibilidad".

Con "flexibilidad" se referían a la capacidad de reaccionar y responder rápido al acelerado ritmo del cambio en todas las áreas. El desarrollo de una actitud flexible, de aceptar que "las respuestas han cambiado", le daría a un individuo u organización una ventaja tremenda en relación con sus competidores más rígidos e inflexibles.

EL CAMBIO ES CADA VEZ MÁS RÁPIDO

Quizá vivimos en el periodo más turbulento y perturbador, y con el ritmo de cambio más vertiginoso en toda la historia de la humanidad, excepto por lo que pueda suceder mañana, o la semana y el año próximos.

Hasta mediados del siglo XX, era muy común que una persona saliera de la escuela, empezara a trabajar para una empresa y se quedara ahí de por vida.

En la actualidad, hasta 40% de los adultos son lo que se llama "trabajadores contingentes", es decir, profesionales independientes o *freelancers* que, a lo largo de su vida profesional, pasan de un empleo a otro como contratistas. Muchos de ellos nunca trabajarán para una empresa de otra forma que no sea temporal.

DESAPARICIÓN DE DOS MILLONES DE EMPLEOS

Solo en Estados Unidos, cada año desaparecen dos millones de empleos. Los productos y servicios que las empresas ofrecían perdieron popularidad debido a los cambios en los gustos de los consumidores y, por lo tanto, las habilidades necesarias para fabricarlos o producirlos dejaron de ser requeridas. Este es un problema enorme en el mundo laboral actual, y en los meses y años por venir solo se acelerará.

Por suerte, en Estados Unidos se crean en promedio 2.2 millones o más empleos cada año. Asimismo, 80% de los empleos son creados por empresas nuevas que ofrecen productos y servicios novedosos a diversos clientes en mercados distintos.

Debido a este acelerado ritmo de cambio, la mayoría de las empresas en las distintas industrias están operando actualmente con base en modelos de negocios que ya no funcionan o que no funcionan tan bien como antes para generar un flujo continuo de ventas y rentabilidad.

TU MODELO DE NEGOCIOS

Un modelo de negocios se define como el sistema completo, de principio a fin, con el que una empresa produce y vende un producto o servicio, y genera beneficios. Existen por lo menos 25 modelos de negocios distintos que una empresa puede implementar, pero tratar de lograr resultados usando el modelo de negocios incorrecto para tu mercado actual podría conducir a un descenso en las ventas y la rentabilidad, o incluso al colapso corporativo.

En 2007, cuando Apple lanzó al mercado el iPhone, los ejecutivos *senior* de BlackBerry lo desdeñaron porque consideraron que se trataba de un juguete y dieron por hecho que solo atraería a la gente joven que querría comunicarse con sus amigos. En cinco años la participación de BlackBerry en el mercado de los negocios propietarios de celulares se desplomó de 49 a 0.4%, y desde entonces la empresa ha estado en gran medida quebrada.

LA OBSOLESCENCIA ACELERADA

Con el lanzamiento del iPad y la posibilidad de que los usuarios lectores descargaran libros electrónicos, *eBooks*, de una forma rápida y poco costosa, cambió por completo el mercado del libro. En un año Borders, uno de los grandes comerciantes al menudeo de libros, se encontró en la quiebra y tuvo que cerrar sus 600 tiendas. Empresas que durante mucho tiempo estuvieron bien establecidas en casi todas las industrias están desapareciendo y pasando a la historia porque no lograron adaptar su modelo de negocios a la nueva situación del mercado impulsada por el violento embate de la información, la tecnología y la competencia.

Tu modelo de negocios personal, es decir, la manera en que has organizado tu vida y tu carrera, también podría ser obsoleto ya. Y si no lo es aún, sin duda lo será en algún momento en el futuro.

Los negocios se ven en dificultades en cuanto los gustos y las exigencias de los consumidores mutan. Los individuos, por otra parte, se ven en aprietos en su carrera en cuanto se presenta una evolución en los requisitos de los empleadores respecto a los talentos especializados, las habilidades y las capacidades. Para sobrevivir y prosperar en la actualidad, tanto como individuo como organización, debes estar en una posición de avanzada frente a los cambios que se presentan a tu alrededor.

LA REGLA 80/20 Y LOS INGRESOS

Muchas de las habilidades que tiene la gente hoy en día son obsoletas. Muchos están siendo remplazados por personas con habilidades mejores, más adecuadas y más solicitadas. Gary Becker, economista ganador del Premio Nobel, habló en *The Wall Street Journal* sobre un estudio que realizó con su equipo respecto al aumento en los ingresos. Lo que Becker descubrió en su investigación en la Universidad de Chicago fue que el ingreso promedio de la gente en el 80% de la parte inferior de la economía aumentaba 3% al año, es decir, lo mismo o un poco más que el índice de la inflación.

Sin embargo, los ingresos de la gente en el 20% en la parte superior aumentaban en un promedio de 11% al año, lo que les permitía duplicar sus ingresos cada seis o siete años y ascender, en el curso de su vida laboral, a la clase media superior, o incluso a las clases adineradas.

¿Cuál era la diferencia más importante entre el 20 y el 80%? El compromiso con el aprendizaje continuo y el mejoramiento de sus habilidades. La gente en el 20% superior compraba todos los libros, asistía a todos los seminarios, escuchaba todos los programas de audio y buscaba todo el tiempo maneras de realizar su trabajo de una mejor forma, más económica y también más rápida.

LA OBSOLESCENCIA NO PLANEADA DE LAS HABILIDADES

La gente en el 80% inferior de la economía hacía justo lo contrario. Rara vez leía un libro, tomaba un curso o hacía algún esfuerzo por actualizar y mejorar sus habilidades. Estas personas ocupaban su tiempo libre en actividades que mitigaban la tensión en lugar de realizar prácticas que les ayudarían a lograr sus metas y, por lo tanto, se iban quedando rezagadas cada vez más, por lo general sin siquiera darse cuenta.

Cuando perdían su empleo, estos individuos por fin se daban cuenta de que las habilidades que tenían y que se basaban en gran medida en la experiencia tenían un valor mínimo para los empleadores actuales. Y como el aprendizaje continuo y el desarrollo de nuevas habilidades no formaban parte de su manera de ver la vida, solo se iban a casa a ver televisión, y tiempo después se encontraban desempleados durante meses o incluso años.

En la actualidad hay mucha gente de todo tipo de niveles de ingreso y categorías profesionales que no está consciente de la urgente necesidad de actualizar y mejorar sus habilidades de manera continua. Por eso, mejor piensa en lo que dijo el entrenador de baloncesto Pat Riley: "Si no estás mejorando, estás empeorando".

LA CARRERA COMENZÓ

Nadie se queda por mucho tiempo en el mismo lugar. Si no aumentas y mejoras de forma continua tu conocimiento y tus habilidades, ni siquiera permaneces ahí, solo estás quedándote rezagado cada vez más, mientras las personas más agresivas respecto al aprendizaje continuo avanzan y llegan cada vez más lejos y rápido.

Hoy en día la mayoría de las personas están estancadas en una rutina, y la única diferencia entre una rutina y una tumba es la profundidad. Jim Rohn, empresario y orador motivacional, dijo: "Si estás estancado en una rutina, espero que ya venga en camino una carroza que te motive a salir de ella".

LOS TRES ENEMIGOS

Es necesario que enfrentes de lleno a los tres enemigos del cambio y la flexibilidad. El primero y el peor es la "zona de confort". La gente empieza a hacer algo o a trabajar en un proyecto, y en muy poco tiempo se siente cómoda. Luego, por supuesto, se resiste a cualquier cambio que le exija hacer algo nuevo o diferente, incluso si se trata de un cambio positivo.

En lugar de aprender, crecer y expandir su rango de posibilidades, estos individuos se "clavan" en donde están, justifican y racionalizan su resistencia al cambio y, a menudo, incluso sabotean el esfuerzo de otros por cambiar.

En su libro *Leaders*, Warren Bennis describe la manera en que las personas de más éxito en su estudio se resistieron a la atracción de la zona de confort. Explica que se fijaron metas cada vez más ambiciosas para sí mismas y sus organizaciones, metas que habría sido imposible cumplir sin implementar cambios y mejoras de gran calibre.

Por su parte, en su libro de 2015, *Bold*, Peter Diamandis insta, a quienes rompen moldes y a los que les gusta sacudir al mundo, a fijarse metas para aumentar en los años por venir sus niveles actuales de ventas, ingresos y rentabilidad en 10 o 100%. Este nivel de meta podría parecer abrumador al principio, pero poco después conduce a un pensamiento expandido y a nuevas ideas para "ir a donde ningún hombre ha ido" (cita de *Star Trek*).

EL MIEDO CONTIENE A LA GENTE

El segundo obstáculo que nos impide ser flexibles y desafiar y cuestionar el *statu quo* es el miedo de cualquier tipo, pero en especial el miedo al fracaso. "¿Qué pasaría si intentáramos algo nuevo y no funcionara?".

De acuerdo con la *Harvard Business Review* de octubre de 2013, los mayores obstáculos a la innovación en un modelo de negocios son el miedo y la incertidumbre. En términos de importancia, alrededor de 80% de los ejecutivos de corporaciones coloca la innovación en el modelo de negocios por encima del desarrollo de nuevos productos y servicios. Sin embargo, como los ejecutivos no saben cómo implementar dicha innovación, procrastinan y esperan que la siguiente generación de líderes realice los cambios necesarios para sobrevivir y prosperar.

INCAPACIDAD DE CAMBIAR

La tercera razón por la que la gente le teme y se resiste al cambio es la "impotencia aprendida". Los individuos responsables saben que el cambio es esencial, pero se sienten impotentes y atrapados en las complejidades de la situación actual, imposibilitados para cambiar.

La impotencia aprendida se manifiesta en las frases: "No puedo" o "No podemos". A eso le sigue una letanía de excusas como no tener suficiente tiempo, dinero, talento, y otras explicaciones sobre por qué el cambio no es posible, las cuales implican cierta cantidad de presiones externas y limitaciones internas.

No obstante, Winston Churchill dijo: "Si no luchas cuando tienes la oportunidad de la victoria, pronto tendrás que luchar cuando no tengas oportunidad de nada". La regla dice que hay que cambiar cuando puedes, no cuando te veas obligado a hacerlo o no tengas otra opción.

Esto es lo que debieron decirles a los ejecutivos de Blockbuster, la empresa que dominó el mercado de las películas en video para rentar y ver en casa. Cuando surgió Netflix, la gente de Blockbuster la desdeñó y consideró que solo era una pequeña compañía que no podría poner en jaque el dominio del gigante en el mercado nacional. Pero los gustos de los consumidores habían cambiado y, pocos años después, Netflix se convirtió en el jugador más importante en el ámbito de la entrega de películas a domicilio, tanto por correo como en línea. Y Blockbuster terminó en bancarrota.

EXPANDE TU MANERA DE PENSAR

Hay varias herramientas eficaces y prácticas que puedes usar para desencadenar tu creatividad, expandir tu manera de pensar y salir de tu zona de confort.

La herramienta por excelencia y presente en todos lados para modificar tu perspectiva y desarrollar niveles más elevados de flexibilidad es el "pensamiento base cero".

El pensamiento base cero proviene de la contabilidad con base en cero. En este tipo de contabilidad tratas de cuestionar todos los gastos al principio de cada periodo contable. Esta estrategia no consiste en preguntarte si debes aumentar o disminuir un gasto en particular, sino si debes gastar dinero en esa área en absoluto.

En el pensamiento base cero tienes que hacerte una pregunta brutal: "Sabiendo lo que ahora sabemos, ¿hay algo que estemos haciendo que no haríamos si tuviéramos que empezar de nuevo?".

HAZ UN ANÁLISIS SLQAS

La sigla SLQAS corresponde a la frase "Sabiendo lo que ahora sé", así que aplica un análisis SLQAS en todos los aspectos de tu negocio y tu vida personal. Es decir, sabiendo lo que ahora sabes, ¿hay algo que estés haciendo ahora en lo que no te volverías a involucrar si tuvieras que empezar de nuevo?

¿Cómo saber si estás lidiando con una situación de pensamiento tipo base cero? La respuesta es muy sencilla: ¡evalúa tu nivel de estrés! Si hay algo en tu vida en lo que no te volverías a involucrar en este momento, significa que de manera continua te abruman el estrés, la preocupación, el enojo, la frustración y la insatisfacción en cierta área o respecto a una persona en particular. Esta situación negativa suele filtrarse en tus conversaciones, te distrae a lo largo del día y te mantiene en vela toda en la noche.

EMPIEZA POR TUS RELACIONES DE TODO TIPO

Empieza a aplicar el pensamiento base cero en todas tus relaciones. ¿Hay alguna persona en tu vida laboral o personal con la que no volverías a involucrarte si tuvieras que empezar de nuevo?

Sabiendo lo que ahora sabes, ¿hay alguien en tu negocio a quien no contratarías o no ascenderías? ¿Una persona a la que no le delegarías nada, no le asignarías ningún proyecto, o para la que ni siquiera irías a trabajar?

Si en este momento hay alguien con quien no te volverías a involucrar, la única pregunta que deberás hacerte a continuación es: "¿Cómo puedo dar fin a esta relación y cuán rápido?".

¿Te imaginas cuántas de tus decisiones resultarán equivocadas en todo tu tiempo de vida? De acuerdo con la American Management Association, 70% de las decisiones que se toman en el mundo laboral y, quizá, en la vida personal, tarde o temprano terminan siendo decisiones equivocadas: un poco, bastante o por completo equivocadas. Para desarrollar niveles más elevados de flexibilidad y para alcanzar tu mejor desempeño, debes estar preparado para hacer las tres afirmaciones del ejecutivo de nivel superior.

ADMITE QUE NO ERES PERFECTO

"Me equivoqué". Mira alrededor y contempla tu situación, en especial observa los aspectos que te están provocando estrés, insatisfacción o infelicidad, y disponte a admitir que te equivocaste. Cuando tomaste la decisión o te metiste en esa situación, parecía ser lo correcto, de hecho resultaba bastante lógica tomando en cuenta la información con que contabas en ese momento. Sin embargo, "las respuestas han cambiado".

Has aprendido cosas que no sabías antes, y la situación externa y los requisitos también evolucionaron. Lo que parecía ser la decisión correcta cuando la tomaste, ahora resulta ser la decisión equivocada. En cuanto admitas que te equivocaste y hagas lo necesario para corregir la situación, el estrés se evaporará.

A veces la gente cree que admitir que se equivoca equivale a mostrar debilidad. Muchos creen que los otros no los respetarán si admiten que se equivocaron al tomar y defender cierta decisión en el pasado, pero sucede justo lo contrario. En tiempos de turbulencia y cambios vertiginosos, y cuando tu error les resulta evidente a quienes te rodean, tener el valor y el carácter necesarios para admitir que te equivocaste hará que la gente te tenga más respeto y esté dispuesta a permitir que influyas en ella en el futuro.

En cambio, nadie se ve más débil y tonto que alguien que a todas luces se equivoca, pero se niega a aceptarlo.

Este es un punto interesante. Para cuando identificas una situación en la que, sabiendo lo que sabes ahora, no volverías a involucrarte, es demasiado tarde para salvar la situación o a la persona. Todo acabó. Lo único que te queda es preguntarte cuánto tiempo, dinero, esfuerzo y dolor tendrás que perder o sufrir antes de admitir que te equivocaste, y de que hagas lo necesario para rectificar la situación.

ADMITE QUE COMETISTE UN ERROR

"Cometí un error". Debido a su ego, a muchos les es difícil admitir que cometieron un error, incluso cuando es obvio y le resulta evidente a la gente que los rodea. No permitas que esto te suceda a ti.

Debido a que vas a equivocarte y a cometer errores 70% del tiempo, no esperes a que alguien más se dé cuenta, solo lánzate de lleno, adelántate y admite lo antes posible las cosas. Di: "Me equivoqué, cometí un error" y rectifica la situación lo más rápido que puedas.

CAMBIA DE OPINIÓN

"Cambié de opinión". Cambiar de opinión cuando recibes nueva información también es señal de valor, carácter y flexibilidad, no de debilidad. Incluso si pasaste año y medio desarrollando un nuevo negocio o estrategia de negocios, y luego recibes información nueva que anula tus conclusiones esenciales, prepárate para cambiar de opinión, abandonar esa estrategia que ahora es obsoleta, y enfocarte en hacer algo nuevo, distinto y más adecuado para la situación actual.

Entre más preparado estés para decir: "Me equivoqué, cometí un error, cambié de opinión", más claro será tu pensamiento y más te respetará la gente que te rodea.

REEVALÚA TU NEGOCIO Y TU CARRERA

La segunda área en que puedes aplicar el pensamiento cero se relaciona con todos los aspectos de tu negocio y tu vida profesional, en especial con tu modelo de negocios.

Sabiendo lo que sabes ahora, ¿hay algún producto o servicio que no lanzarías en el mercado actual? Sabiendo lo que sabes ahora, ¿hay algún proceso, método o gasto en tu negocio que no volverías a implementar o realizar? Sabiendo lo que sabes ahora, si tuvieras que empezar todo de nuevo, ¿hay algo en tu estrategia actual en lo que no te involucrarías?

Sabiendo lo que ahora sabes, ¿hay alguna parte de tu carrera, del trabajo que realizas o tus actividades en la que no te involucrarías de nuevo? Recuerda que es muy común que la gente tenga distintos empleos en varias empresas e industrias, y que use habilidades diferentes a lo largo de su vida profesional. Cuando la economía cambia, muchos deciden empezar de nuevo en otro ámbito profesional y aprender toda una nueva serie de habilidades. ¿Podría eso ser aplicable en tu caso?

Si la respuesta es sí, hazte la siguiente pregunta: "¿Cómo podrías salir de esta situación o darle fin, y qué tan rápido?

EVALÚA TUS INVERSIONES

La tercera área donde debes aplicar el pensamiento base cero es en tus inversiones, en especial la inversión de tiempo, dinero y emoción.

En la contabilidad hay una categoría llamada "costes hundidos", la cual representa la cantidad de dinero que se ha invertido y se fue para siempre. Son recursos que no pueden ser recuperados. Es como dejar caer un yunque desde un barco en medio del mar, nunca lo vas a recuperar. Se fue, es un "coste hundido".

Resulta sorprendente cuántos negocios e individuos se sienten confundidos en este aspecto y tratan todo el tiempo de recuperar los costes hundidos. A esto se le llama "lanzar dinero bueno al malo" o "tirar dinero a la basura".

TU INVERSIÓN SE FUE PARA SIEMPRE

Negarse a aceptar el hecho de un coste hundido se presenta en especial respecto al tiempo. ¿Hay algún área de tu vida en la que hayas invertido una gran cantidad de tiempo? ¿Un proyecto, servicio, persona o incluso desarrollo de una habilidad que ya no te resulta útil o necesario? Prepárate para reconocer que esa inversión de tiempo que hiciste en el pasado ahora es un "coste hundido". Acéptalo y sigue adelante. No inviertas más tiempo en algo que, en el fondo, sabes que no representa la mejor manera de usar tu tiempo ni de invertir tu esfuerzo.

La segunda área de coste hundido se relaciona con las inversiones financieras. ¿Hay alguna inversión de este tipo que, sabiendo lo que ahora sabes, no volverías a hacer ahora si tuvieras que empezar de nuevo?

Si sí la hay, pregúntate: "¿Cómo me puedo salir de esta inversión y cuán rápido?".

Me parece triste ver cuánta gente y empresas continúan invirtiendo dinero en un área en la que, sabiendo lo que ahora saben, no invertirían en absoluto si tuvieran que empezar de nuevo.

IMAGINA EMPEZAR DE NUEVO HOY

La tercera área de aplicación del pensamiento base cero es la de las emociones. De acuerdo con los psicólogos, la gente odia perder tiempo, dinero o emociones de cualquier tipo. Con frecuencia sufre de un bloqueo mental relacionado con las pérdidas, se niega a admitirlas y siempre trata de recuperar lo invertido de una u otra manera.

A lo largo de tu vida invertirás mucha emoción en gente, proyectos y situaciones. Sacrificarás tu corazón de lleno para hacer que una situación o relación funcione, pero al final tendrás que admitir que no lo lograste. Tu inversión de emoción se perdió para siempre. No puedes recuperarla, es un coste perdido.

Enfrentar la realidad de un fracaso o de una relación que no funcionó, admitir que te equivocaste, que cometiste un error y que has cambiado de opinión exige una enorme fortaleza y carácter, pero entre más practiques el pensamiento base cero, más flexible te volverás.

LA GRAN RECOMPENSA

Aquí las buenas noticias: cuando por fin reúnas el valor para darle fin a una situación de pensamiento base cero tendrás la misma reacción que la gente tiene en todo el mundo. Al principio sentirás un gran alivio, incluso te sentirás eufórico y liberado. Será como si te hubieran quitado un gran peso de encima.

Luego te preguntarás: "¿Por qué no hice esto mucho antes?".

Si quieres desarrollar todo tu potencial en tu trabajo y tu vida personal, la capacidad de aplicar el pensamiento base cero te será esencial. Entre más la practiques, más hábil te volverás en ella y, dentro de poco, podrás decir: "No hay ninguna situación en mi vida que cambiaría o de la que me saldría si tuviera que empezar de nuevo".

LAS SIETE *R* DEL PENSAMIENTO SUPERIOR

A veces las ideas más sencillas pueden sacudir tu forma de pensar y hacerte ver una situación de manera distinta. La clave es que te mantengas abierto a la posibilidad de que, sea lo que sea que estés haciendo, podrías estar equivocado por completo. Podría haber una forma distinta y mejor de hacer casi todo, y por lo general es lo que sucede.

A continuación te presento siete herramientas que puedes usar para aumentar tu flexibilidad y tu agilidad mental:

1. **REFLEXIONAR.** Esto implica detener el reloj, hacer una pausa, dar un paso atrás y observar tu situación de forma objetiva. Hazte las siguientes tres preguntas:
   - ¿Qué estoy tratando de hacer?
   - ¿Cómo estoy tratando de hacerlo?
   - ¿Habría una mejor manera de hacerlo?

   Siempre que sientas frustración o resistencia durante tu intento por lograr tus metas, da un paso atrás y hazte estas tres preguntas.

   Muy a menudo descubrirás que lo que estás tratando de hacer no es lo correcto o no es tan importante como lo era antes. Podrías darte cuenta de que la forma en que estás tratando de hacerlo no funciona y, al preguntarte si habría una mejor manera de hacerlo, abrirás tu mente a una cantidad infinita de posibilidades porque, en efecto, casi siempre hay una mejor estrategia.
2. **REEVALUAR.** Practica el pensamiento base cero y considera las posibilidades de hacer las cosas de una manera por completo distinta.

   Siempre que te sientas descontento por una situación, reflexiona por un momento y pregúntate: "Sabiendo lo que ahora sé, si no me encontrara en esta situación, ¿volvería a meterme en ella?". Si la respuesta es no, ¿cómo podrías salirte y qué tan rápido?

3. **REORGANIZAR.** Busca maneras de incrementar la eficiencia y la eficacia de tus operaciones a través de un manejo de la gente y los recursos con que cuentes, desplegándolos de maneras distintas.
   - ¿Cuáles son tus metas más relevantes en el trabajo y los negocios ahora mismo? ¿Han cambiado?
   - ¿Quiénes son las personas más importantes, valiosas y productivas?
   - ¿De qué manera podrías reorganizar tu trabajo para que la gente más productiva y de mejor desempeño se enfoque en tus metas más importantes y en tus mayores oportunidades?
4. **REESTRUCTURAR.** Esto implica manejar a tu gente y tus recursos, enfocarlos en el 20% de las actividades que representan el 80% de tus resultados.
   - ¿Cuál es el 20% de resultados que equivalen al 80% de los ingresos y ganancias de tu negocio?
   - ¿Qué actividades forman parte del 20% que equivale al 80% de tus resultados totales?
   - ¿Quiénes son las personas de tu equipo que conforman el 20% equivalente al 80% de los resultados?

   Tu principal preocupación en los negocios debe ser la generación de ingresos. Coloca a tu mejor gente en las áreas donde pueda tener un efecto positivo para tu empresa.
5. **REDISEÑAR.** Siempre busca maneras de simplificar tu trabajo y tu vida delegando, subcontratando, haciendo recortes o eliminando ciertas actividades.

- ¿Cuáles actividades o procesos podrías simplificar y optimizar para que se puedan llevar a cabo más rápido e invirtiendo menos tiempo y dinero?
- ¿Qué actividades podrías delegar a miembros del personal o a empresas especializadas en subcontratación?
- ¿Qué actividades podrías eliminar por completo sin sufrir pérdidas en la productividad, las ventas o la rentabilidad?

Cada vez que te hagas una de estas preguntas estimularás tu creatividad y obtendrás respuestas que podrás aplicar para dinamizar tu negocio y obtener más y mejores resultados, más rápido y gastando menos dinero.

6. **REINVENTAR.** Todo el tiempo piensa en qué harías de manera distinta si empezaras de nuevo hoy.

Imagina que empiezas de nuevo tu negocio, división o departamento. ¿Qué harías de manera distinta?

- ¿Qué harías más?
- ¿Qué harías menos?
- ¿Qué empezarías a hacer que no estés haciendo ahora?
- ¿Qué dejarías de hacer por completo?

Cada vez que te hagas estas preguntas, te darán ideas. ¿Qué deberías hacer más, qué deberías hacer menos, qué deberías empezar o dejar de hacer?

7. **RECOBRAR EL CONTROL.** Esto requiere que, con base en tus respuestas a las seis primeras *R*, realices acciones específicas en tu trabajo y tu negocio.

- ¿Qué acción realizarás de inmediato respecto a tus actividades y tu trabajo personal?
- ¿Qué acción realizarás de inmediato respecto al negocio?

En ambos casos imagina que no tienes límites, que cuentas con todo el tiempo y el dinero necesarios, con todos los talentos y habilidades, los amigos y los contactos, con todos los recursos que requieres para ser, hacer o tener cualquier cosa que desees en tu negocio o tu vida personal.

Tu principal tarea es tener claridad absoluta respecto a lo correcto y a lo mejor que podrías hacer, y luego comprometerte de lleno para seguir esa trayectoria.

EJERCICIOS PARA ENTRAR EN ACCIÓN

1. Analiza tu modelo personal y tu modelo de negocio, pregúntate si no habría una mejor manera de generar ventas, rentabilidad e ingresos personales.
2. Aplica el análisis slqas a cada aspecto de tu negocio y de tu vida personal. "Sabiendo lo que ahora sé, ¿hay algo que esté haciendo en lo que no me volvería a involucrar si tuviera que empezar de nuevo?".
3. ¿Qué deberías hacer más, qué deberías hacer menos, qué deberías empezar o dejar de hacer para obtener resultados distintos y mejores?

Capítulo 8

El pensamiento creativo vs. el pensamiento mecánico

La imaginación es, literalmente, el taller donde se les
da forma a todos los planes que diseña un hombre.
NAPOLEON HILL

¡Los pensadores creativos dominan el mundo! Siempre están en busca de maneras más rápidas, sencillas y mejores de lograr objetivos importantes para otros. Practican el principio MCI: "Mejoramiento continuo e infinito".

Este tipo de pensadores son responsables de todas las grandes innovaciones y del progreso en la historia de la humanidad. Saben que a veces lo único que se requiere para cambiar el rumbo de un negocio o de una vida es una buena idea.

EL PENSAMIENTO MECÁNICO

A diferencia del pensamiento creativo, el pensamiento mecánico suele ser rígido e inflexible. Implica decir: "O se hace a mi manera o no se hace". El pensamiento mecánico está enraizado en el miedo a fracasar, a cometer errores o a perder tiempo, dinero o ambos. Lo desencadena el temor a la crítica y la desaprobación, el miedo de intentar algo y que no funcione.

Los pensadores mediocres piensan en blanco y negro en lugar de permitirse ver las cosas a través de una gama de grises. Piensan en los extremos: sí o no, arriba o abajo. Piensan que solo hay una manera de hacer las cosas, cuando en general hay muchas. Y cuando enfrentan el cambio o deben confrontar a alguien, desarrollan "psicoesclerosis", es decir, un "endurecimiento de la actitud".

Estos pensadores son víctimas de la homeostasis, de la necesidad de mantener las cosas como son. Están atrapados en su zona de confort y sienten miedo y resquemor cuando se enfrentan a cualquier situación nueva o distinta, incluso si esta implica una mejora en sus condiciones. Este tipo de actitud no es para ti.

ERES UN GENIO EN POTENCIA

Tú tienes un potencial creativo más extenso del que podrías usar en 100 vidas distintas. Entre más utilizas tu capacidad creativa, más puedes aprovecharla. De hecho, cada vez que inventas algo nuevo te vuelves más creativo. Dicen por ahí que todos los niños nacen siendo genios, lo que significa que tú también puedes ser un genio a lo largo de tu vida.

Resulta que la creatividad es el mejor indicador o pronosticador del éxito en la vida y el trabajo. Entre más creativo seas, más y mejores ideas tendrás para mejorar tu vida, tu trabajo y todo lo que te rodea. Una buena idea podría bastar para cambiar la trayectoria de tu vida por completo.

¿Cómo puedes reconocer la creatividad? La gente creativa es curiosa, hace muchas preguntas y nunca se siente satisfecha. De hecho puedes volverte más creativo si solo empiezas a hacer más preguntas sobre lo que te rodea y si no te conformas con respuestas superficiales.

LA GENIALIDAD A TRAVÉS DE LA HISTORIA

A lo largo de la historia se han realizado muchos estudios sobre las cualidades de los genios. Lo primero que se descubrió fue que la genialidad no tenía que ver con el CI, es decir, con el cociente intelectual, ni con las cualidades académicas. Muchos de los llamados genios tuvieron una inteligencia promedio o solo por encima de esta. Se descubrió que la genialidad o pensamiento excelente era más bien una cuestión de actitud y de la manera de abordar los inevitables desafíos que presenta la vida.

Al parecer, los genios tienen tres cualidades que se desarrollan con el tiempo.

APERTURA MENTAL CONSTANTE

En primer lugar, los genios abordan toda dificultad o situación con una mente abierta, con algo parecido a la actitud de exploración y descubrimiento que solo muestran los niños. Entre más abierta sea tu mente en la manera de abordar cualquier situación nueva y distinta en tu vida, más probable será que tengas reflexiones e ideas que te permitan salir de tu zona de confort, es decir, que pienses distinto a los demás. Los genios se preguntan todo el tiempo: "¿Por qué?", "¿Por qué no?" y "¿Qué pasaría si…?".

En segundo lugar, los genios consideran de forma minuciosa todos los aspectos de un problema y se niegan a llegar a conclusiones de inmediato, prefieren reunir la mayor cantidad de información posible. En cada etapa van poniendo a prueba sus teorías para validarla, evitan llegar a conclusiones apresuradas, siempre están abiertos a la posibilidad de estar equivocados o de que sus ideas no sean buenas.

LA MEJOR SOLUCIÓN

En una ocasión le preguntaron lo siguiente a Albert Einstein: "Si hubiera una emergencia de gran nivel o un desastre que pudiera destruir la tierra en 60 minutos y le pidieran que encontrara una solución, ¿qué haría?

"Pasaría los primeros 59 minutos reuniendo información y el último minuto resolviendo el problema de la mejor manera posible", contestó el físico. En el ámbito de los negocios en la actualidad, en especial en lo que se refiere al desarrollo de productos nuevos, entre más tiempo pases trabajando de cerca con los consumidores para asegurarte de que el nuevo producto o idea sea justo lo que quieren y necesitan, y por lo que estarán dispuestos a pagar, más probable será que tengas éxito a pesar de lo competitivo del mercado y de lo rápido que evoluciona.

LA ESTRATEGIA SISTEMÁTICA

En tercer lugar, los genios de todo tipo utilizan una estrategia sistemática para resolver las dificultades y tomar decisiones. Los matemáticos, físicos, médicos, mecánicos y demás profesionales no solo se lanzan sobre un problema como si fueran un perro persiguiendo un automóvil que va pasando. Este tipo de personas revisan una lista de verificación diseñada de manera minuciosa y trabajan poco a poco en todos los aspectos del problema, van paso por paso hasta llegar a una conclusión.

En su libro *The Checklist Manifesto*, Atul Gawande cuenta la historia de dos expertos inversionistas. Ambos son exitosos, pero uno más que el otro.

Ambos tenían varios años de experiencia en la evaluación y realización de inversiones sustanciales, tanto para ellos mismos como para sus clientes. Sin embargo, el asesor más exitoso había desarrollado una lista de verificación con las preguntas básicas y las pruebas que se tenían que aplicar a una propuesta de inversión antes de tomar una decisión.

El otro asesor usaba muchas de las mismas técnicas y tácticas para evaluar cada inversión, pero operaba más a partir de su intuición y su experiencia, y, por lo tanto, con frecuencia perdía dinero de forma innecesaria.

Este es el interesante señalamiento que hizo Gawande. El primer asesor era de manera consistente más exitoso que el segundo, pero con frecuencia cometía errores y perdía dinero, y la razón siempre era la misma: se había negado a verificar lo que había incluido en su propia lista y con frecuencia dejaba de lado uno o dos puntos esenciales. No obstante, cuando retomó el hábito de revisar su lista de forma concienzuda, su récord de inversiones mejoró muchísimo.

EL MÉTODO SISTEMÁTICO PARA LA RESOLUCIÓN DE PROBLEMAS

A continuación te presentaré una manera estructurada/desestructurada de resolver problemas y tomar decisiones. Fue diseñada a lo largo de varios años por expertos y laboratorios de ideas, también conocidos como *think tanks*. Resumí las mejores tácticas y descubrí un método único y simple que podrías usar el resto de tu carrera.

PASO UNO: define el problema o meta con claridad. Escríbelo en una hoja de papel y tenla frente a ti. Si estás trabajando con un grupo, escribe y rescribe el problema o meta en un rotafolio o un pizarrón hasta que todos estén de acuerdo y puedan decir: "Sí, esta es la definición correcta del problema".

En el ámbito de la medicina muchos dicen: "Un diagnóstico correcto equivale a la mitad de la cura". Y en los negocios, desarrollar la definición correcta del problema suele hacer que la solución parezca obvia.

PASO DOS: una vez que hayas definido el problema o meta con claridad, pregúntate: "¿Qué otra dificultad hay?". Desconfía de cualquier problema para el que solo tengas una definición. Defínelo y redefínelo de distintas maneras para que coincida con la solución correcta, pero también recuerda que podría no tratarse de un problema, sino de una oportunidad.

Lo peor que podrías hacer sería encontrar una solución excelente para el problema equivocado o para uno que ni siquiera existe.

ÍNDICE DE FRACASO DEL PRODUCTO

Alrededor de 80% de los productos y servicios nuevos fracasan en menos de 12 meses. La principal razón de esto es que las empresas desarrollan un producto que resuelve un problema que los clientes no tienen.

Es como la historia de la empresa de alimento para perro que invirtió millones de dólares para desarrollar el alimento perfecto: una mezcla con nutrición equilibrada en todos los sentidos, pero que no pudo evitar que fallara en el mercado. Cuando les preguntaron a los desarrolladores del producto qué había sucedido, la respuesta fue: "Los perros lo detestaron".

Cualquiera que sea la definición que establezcas del problema, esta determinará la dirección de la solución. Si la definición de tu problema es incorrecta, no importará cuán brillante sea tu solución: simplemente no funcionará.

EL PROCESO DE MEJORAMIENTO DE VENTAS

Cuando trabajo con organizaciones de ventas, las conduzco a través de un proceso sistemático de pensamiento creativo. Como en casi todos los casos la principal dificultad que enfrenta el negocio es un nivel bajo de ventas, siempre empiezo con una pregunta.

—¿Cuál es el problema? —digo.

—Tenemos pocas ventas —suele ser la primera definición.

—¿Qué otro problema tienen? —pregunto.

—Los clientes que atraemos no están comprando lo suficiente.

—¿Qué otro problema tienen? —pregunto de nuevo.

—No estamos convirtiendo a suficientes de nuestros prospectos en clientes dispuestos a pagar.

—¿Qué otro problema tienen? —pregunto otra vez.

—Nuestra publicidad y el trabajo de promoción no están atrayendo suficientes clientes nuevos.

—¿Qué otro problema tienen? —insisto.

—Nuestros clientes no están comprando con suficiente frecuencia.

—¿Qué otro problema tienen? —vuelvo a preguntar.

—Nuestros clientes les están comprando demasiado a nuestros competidores.

Continúa preguntando: "¿Qué otro problema tengo?", hasta que encuentres la definición correcta de tu dificultad.

LA DEFINICIÓN DETERMINA LA SOLUCIÓN

Si se trata del problema correcto, cualquiera de las respuestas que elijas requerirá una solución distinta, por eso es tan importante que hagas pruebas, valides tu respuesta y te asegures de estar trabajando en el problema preciso para empezar.

PASO TRES: pregunta lo siguiente: "¿Cuál es la solución a nuestro problema?", y sin importar cuál sea la respuesta, pregunta esto a continuación: "¿Qué otra solución podríamos darle a nuestro problema?".

Ten cuidado si te encuentras con un problema para el que solo hay una solución, ya que existe una relación directa entre la cantidad de soluciones posibles que puedes desarrollar y la calidad de la solución final que elijas. A menudo, dos ideas poco realistas combinadas podrían convertirse en una idea brillante capaz de modificar la trayectoria de tu negocio.

PASO CUATRO: una vez que hayas desarrollado una gama amplia de soluciones posibles, deberás reducirlas y tomar una decisión. En la mayoría de los casos, tomar cualquier decisión será mejor que no tomar ninguna. Si no puedes hacerlo de inmediato, fija una fecha límite para la cual habrás tomado la decisión y empezado a actuar.

En una ocasión, Steve Jobs dijo: "Las ideas creativas son producto de conectar los puntos de manera distinta". Esta es la clave, la estrategia que usan los pensadores de un nivel superior en todo el mundo. Si te está costando trabajo tomar una decisión, reúne más puntos, obtén más información; contrata a un asesor especializado en el área, no escatimes, recolecta la información de la mayor calidad posible. Cualquier noción nueva o idea que no hayas considerado podría ahorrarte una fortuna o, incluso, permitirte amasar una.

PASO CINCO: determina de qué forma medirás el éxito de esta decisión. Establece métricas y parámetros claros, y cuantifica los resultados que deseas. La regla es: "Si quieres tener éxito en los negocios, establece métricas para todo. Si quieres volverte rico, establece métricas financieras para todo".

Recuerda que si no puedes medir algo, no puedes administrarlo ni manejarlo, y que todo lo que se mide se lleva a cabo.

PASO SEIS: asígnales, a una o varias personas, la responsabilidad de un proyecto, tarea o subtarea.

Todos los productos, servicios y proyectos necesitan un campeón, alguien que esté a cargo de manera absoluta, y los resultados determinarán y tendrán un efecto importante en el éxito, paga y promoción personal de ese individuo.

Uno de los más terribles errores que cometen las empresas, tanto las pequeñas como las de grandes dimensiones, es estar de acuerdo y aprobar la idea de un nuevo producto, servicio o proyecto, y permitir que todos regresen a su escritorio a trabajar sin que se le haya asignado a alguien la responsabilidad total. Cuando eso sucede, el proyecto se convierte en un "proyecto huérfano", algo que les pertenece y corresponde a todos y a nadie al mismo tiempo. No permitas que eso también suceda en tu negocio.

PASO SIETE: establece una fecha final y fechas intermedias límite para completar el proyecto. Entre más importante sea el resultado potencial, más cuidadoso y preciso deberás ser al manejar y medir el progreso. También deberás hacer inspecciones con más frecuencia porque, recuerda, lo que se inspecciona se lleva a cabo.

PASO OCHO: desarrolla un plan B, es decir, un plan alternativo en caso de que tu primera solución no funcione por alguna razón. Llena el "Reporte de desastre" y pregúntate: "¿Qué es lo peor que podría suceder en esta situación?".

El peor resultado posible es que el proyecto falle por completo y que todo el tiempo y dinero invertidos se pierdan.

¿De qué manera podrías minimizar las posibilidades de fracasar? ¿Cómo maximizar las posibilidades de tener éxito? ¿Qué harás si tu solución no funciona?

DESARROLLA UN PLAN DE EMERGENCIA

Los grandes generales planean ganar todas las batallas, pero se preparan para la derrota si esta llegara a ocurrir. Apartan reservas de hombres y municiones, desarrollan un plan de contingencia o protección porque saben que una retirada ordenada es mejor que una huida en desbandada.

Nunca le "apuestes todo al mismo caballo" o a un nuevo plan de acción, solo corre riesgos calculados, riesgos de los que te puedas reponer si las cosas fracasaran por completo.

La esperanza no es una estrategia, es una fórmula para el desastre. En los negocios, cuando se crea un nuevo producto, el peor plan que se puede tener es: "Constrúyelo y vendrán", es casi una receta infalible para el fracaso.

PASO NUEVE: actúa respecto a tu idea, muévete con velocidad, desarrolla una noción de urgencia. Haz algo, lo que sea, pero empieza a trabajar lo antes posible. Cada minuto cuenta para poder llegar a tu meta. ¡No desperdicies el tiempo!

El general George Patton dijo: "Un buen plan ejecutado de forma violenta *ahora* es mejor que un plan perfecto para la semana próxima".

Aplica este método sistemático para resolver cada problema u obstáculo que enfrente tu negocio, fórmate la disciplina de seguir la receta del pensamiento superior. Los resultados te sorprenderán gratamente.

El pensamiento enfocado en la solución vs. el pensamiento enfocado en el problema

RESOLUCIÓN CONSTANTE DE PROBLEMAS

El verdadero indicador de tu inteligencia y tu creatividad es tu capacidad de resolver problemas y tomar decisiones. Sin importar cuál sea el título grabado en tu tarjeta de presentación, en verdad debería decir: "Resuelvo problemas". Desde que empiezas a trabajar en la mañana hasta que sales de la oficina, y aún después, estás resolviendo problemas, pueden ser dificultades menores o grandes obstáculos, pero es lo que haces todo el día.

El general Colin Powell dijo: "Liderazgo es la habilidad de resolver problemas".

El éxito también es la habilidad de resolver problemas. En cualquier área, una meta u objetivo no cumplido es, en realidad, un problema no resuelto. Es por eso por lo que, para lograr el máximo éxito posible, es vital que abordes la resolución de problemas con una estrategia sistemática, una estrategia que funcione a un nivel más elevado y de manera más constante.

PIENSA EN LAS SOLUCIONES

La gente que fracasa piensa en sus problemas la mayor parte del tiempo, en cambio, la gente exitosa solo piensa en las soluciones. La gente exitosa piensa en cómo resolver la dificultad o eliminar el obstáculo, y en qué acciones podrían tomarse de inmediato para mejorar la situación.

La gente que fracasa piensa en el problema y en el culpable, se enoja y se indigna siempre que debe enfrentar una dificultad o que surge un obstáculo. Esto desencadena pensamientos negativos, cólera y la necesidad de buscar un culpable. "¿Quién lo hizo?", se preguntan, a pesar de que eso no les sirve para encontrar la solución.

LIBERA TUS PODERES CREATIVOS

Ya mencionamos tres claves para liberar tus poderes creativos: claridad, enfoque y concentración.

En primer lugar, deberás tener claridad respecto a la meta, pero ser flexible en cuanto al proceso para alcanzarla. Mantén tu mente abierta; debes estar dispuesto a considerar varias maneras de lograr el mismo resultado.

En segundo lugar, enfócate. Reúne todo tu poder mental y el poder de otros, y enfócalo como un rayo láser en un solo problema, obstáculo o dificultad, sin desviarte ni distraerte.

En tercer lugar, concéntrate. Haz a un lado todo lo demás y concéntrate por completo hasta que hayas resuelto tu mayor problema o logrado tu meta más importante.

En su libro *Good to Great*, Jim Collins cuenta la historia del zorro y el erizo, la cual tiene su origen en un ensayo de Isaiah Berlin. Collins dice que el zorro es muy inteligente y sabe muchas cosas, pero el erizo tiene más éxito porque sabe algo muy importante.

La claridad, el enfoque y la concentración te permiten reunir todos tus poderes mentales para resolver un gran problema o lograr una meta trascendental.

LO ATRACTIVO DE LA DISTRACCIÓN

En este mundo moderno de computadoras y correos electrónicos, lo más probable es que nuestro mayor enemigo sea "lo atractivo de la distracción", la necesidad de perseguir chucherías brillantes, contestar correos electrónicos, mensajes de texto, llamadas telefónicas y notificaciones de redes sociales. Todo esto provoca que tu mente se desperdigue e interrumpe tu capacidad de enfoque y concentración.

De acuerdo con *USA Today*, responder de manera continua a las interrupciones electrónicas, en especial a los correos y los mensajes de texto, quema a una gran velocidad tu glucosa, es decir, tu combustible mental. El adulto promedio revisa su correo electrónico todo el día y permite que lo distraigan las notificaciones del mismo y de todo lo demás en su teléfono celular, como si fuera un perrito con desorden de déficit de atención.

Esto ocasiona que el empleado promedio adicto a los correos electrónicos pierda 10 puntos de cociente intelectual al día y que su inteligencia se reduzca con cada hora que pasa. Al final de la jornada, mucha gente se siente fatigada y es incapaz de concentrarse o incluso de tomar las decisiones más simples. Para colmo, cada vez está más rezagada en sus tareas esenciales.

MULTITASKING VS. PASAR DE UNA TAREA A OTRA

Responder de manera constante a correos electrónicos, mensajes de texto y llamadas telefónicas fuerza al individuo a hacer lo que se conoce como *multitasking*, es decir, realizar varias tareas al mismo tiempo. A esta actividad, sin embargo, sería más adecuado llamarle "pasar de una tarea a otra", ya que, en realidad, solo estás cambiando y pasando de una tarea a otra para luego regresar a la primera. De acuerdo con un estudio, después de abandonar una tarea para responder a un mensaje entrante, te toma cerca de 17 minutos volver a concentrarte de nuevo en lo que estabas haciendo.

A lo largo del día, tu atención va de un lugar a otro como un limpiaparabrisas, y rara vez terminas algo valioso. Si a eso añades las redes sociales y la obsesión que tiene mucha gente con revisar Facebook, Twitter y LinkedIn, terminas con una fórmula para el desastre profesional entre tus manos. Por eso dicen: "No caigas en las redes de las redes sociales"*.

La solución es sencilla: deja todo apagado. Revisa tu correo electrónico solo dos veces al día, a las 11:00 a.m. y a las 3:00 p.m. Fuera de eso, apaga todos los aparatos para poder dedicarte sin distracciones a la tarea que tienes frente a ti.

*En el texto original: "Social networking is social not working". *(N. de la E.)*

EL PRINCIPIO DE LAS RESTRICCIONES

Esta es una de las mejores herramientas de pensamiento creativo. El principio de las restricciones dice que entre tú y cualquier meta hay una restricción que define cuán rápido puedes alcanzarla.

A veces a esto le llaman "traba" o "punto de ahogamiento". Andrew Grove, otrora presidente de Intel, dijo que la principal restricción que impedía avanzar era el "factor limitante" en cualquier proceso de producción.

En este momento, ¿cuál es tu meta más importante y qué restricción está marcando la velocidad a la que la alcanzarás? O, dicho de otra forma: "¿Por qué no has cumplido tu meta todavía?".

Si tu meta es incrementar tus ventas y tu rentabilidad en 50%, ¿por qué las ventas y la rentabilidad de tu negocio no son ya 50% más elevadas? Si tu meta es perder peso, ¿por qué no has logrado aún tu peso ideal? Cuando te haces esta pregunta, lo más común es responder con la restricción que te está impidiendo avanzar. No es raro que, tras preguntar y responder la pregunta, lo que surja en tu mente sea una serie de tus excusas preferidas, es decir, de las razones que sueles dar para explicar por qué no has logrado algo en un área específica.

IDENTIFICA EL FACTOR LIMITANTE

En toda situación, tu primera tarea consistirá en identificar el factor limitante y enfocarte por completo en disminuirlo. Esta manera de pensar y actuar puede acercarte con más rapidez a tus metas y a casi todo lo demás que podrías lograr.

La regla 80/20 es aplicable a las restricciones en tu vida personal y tu negocio, ya que 80% de los factores que te están impidiendo alcanzar tus metas más importantes se encuentran dentro de ti o del negocio mismo, y solo 20% provienen de fuera y son externos a ti.

Cuando te propongas identificar y eliminar restricciones, siempre empieza por ti. Pregúntate: "¿Qué cosa dentro de mí o mi negocio me está impidiendo alcanzar mi meta?".

Recuerda que la tendencia natural en la mayoría de la gente es culpar de sus problemas a fuerzas externas y a otras personas. El sello de los pensadores de un nivel superior es que aceptan responsabilidad absoluta de cualquier problema o dificultad, y que se analizan de forma introspectiva para buscar lo que está marcando la velocidad a la que lograrán la meta.

EL PENSAMIENTO "¿QUÉ PASARÍA SI...?"

Una de las preguntas más eficaces que te puedes hacer para desencadenar la creatividad es: "¿Qué pasaría si…?". Cada vez que te preguntas esto rompes las barreras del pensamiento limitado que te mantienen trabajando en una zona estrecha y abres tu mente a más posibilidades.

Se considera que el pensamiento tipo "¿Qué pasaría si…?" es el concepto innovador que hizo de Federal Express una de las empresas más exitosas y revolucionarias del mundo. Empezaron por preguntarse: "¿Qué pasaría si fuera posible entregar una carta de un día a otro en cualquier lugar de los Estados Unidos? ¿O incluso en el mismo día?".

Cuando Fred Smith, presidente de FedEx, sugirió esta idea en un artículo académico de nivel licenciatura en Yale, su profesor lo calificó con una C, o sea, una calificación baja. Su explicación fue que la idea del estudiante no era muy realista porque, en aquel tiempo, para que una carta enviada por correo de primera clase en Estados Unidos llegara a su destino, tenían que pasar entre tres y cinco días, o más. La idea de que una carta se entregara de un día a otro parecía muy improbable.

ROMPE LAS BARRERAS

Al preguntarse de manera continua: "¿Qué pasaría si…?", Fred Smith y los ejecutivos de FedEx desarrollaron ideas creativas que no solo les permitieron lograr su meta, sino también convertirse en una de las empresas más importantes y exitosas del mundo.

"¿Qué pasaría si fuera posible colocar el teclado en la pantalla de un teléfono celular?", se preguntó alguien, y ahora Apple es la empresa más relevante y grande del mundo.

"¿Qué pasaría si pudiéramos enviar casi cualquier libro por correo electrónico y directo a un hogar?", se preguntó alguien, y ahora Amazon.com es uno de los mayores vendedores de libros en el mundo.

"¿Qué pasaría si pudiéramos llevar a un hombre a la Luna y traerlo de vuelta a salvo a la Tierra?" (John Kennedy, 1962).

Cuando el presidente John Kennedy le preguntó a Wernher von Braun, el científico encargado del programa espacial estadounidense: "¿Qué se necesitaría para llevar a un hombre a la

Luna y traerlo de vuelta a salvo?", von Braun solo respondió: "La fuerza de voluntad para hacerlo".

En muchas ocasiones lo que más se necesita, tanto en tu negocio como en tu vida personal, es "La fuerza de voluntad para hacer" las cosas.

Mi amigo Joel Weldon es reconocido por su plática intitulada "El éxito viene en series de 'sí puedo', no de 'no puedo'" (*Success Comes in Cans, Not in Cannots*), y en tu vida sucede lo mismo.

EL PROCESO DE INNOVACIÓN

Todo negocio y ejecutivo exitoso opera bajo la filosofía MCI que, como lo mencioné antes, significa: "Mejoramiento continuo e infinito".

Decide salir de tu zona de confort de forma agresiva, no dejes de buscar maneras nuevas, mejores, más rápidas y económicas de lograr tus metas y de avanzar.

Cuando estés desarrollando o introduciendo al mercado nuevos productos, servicios o estrategias, prepárate para fallar una y otra vez porque las cosas nunca funcionan de la manera que piensas que lo harán. Prepárate para experimentar de forma constante frustración, dificultades, contratiempos y fracasos temporales en tu camino hacia el éxito.

En una ocasión le preguntaron a Thomas J. Watson Sr., fundador de IBM, cómo alcanzar el éxito más rápido, y esto fue lo que contestó: "Si quieres triunfar más rápido, debes duplicar tu índice de fracaso. El éxito se encuentra al otro lado del fracaso".

De hecho, el fracaso no existe, lo único que existe es la retroalimentación. Las dificultades no aparecen para obstruir sino para instruir. La fórmula siempre ha sido: "Inténtalo, inténtalo de nuevo y, luego, intenta algo más".

La clave para que alcances el éxito radica en tu habilidad de resolver problemas, tomar decisiones y encontrar maneras creativas e innovadoras de hacer crecer tu negocio, incrementar tus ventas y aumentar tus ganancias.

EJERCICIOS PARA ENTRAR EN ACCIÓN

1. Elige un problema que enfrenten tú o tu negocio actualmente y aplica el método sistemático de resolución de problemas. Esta acción podría cambiar tu futuro.
2. Elige una de tus metas e identifica la mayor restricción, el factor limitante que esté marcando la velocidad a la que avanzas para cumplirla. ¿Qué podrías hacer para eliminar esta restricción?
3. Elige uno de los productos o servicios que ofrezcas y desarrolla todas las maneras posibles de mejorarlo, producirlo más rápido o de ofrecerlo a tus clientes a un menor precio.

Capítulo 9

El pensamiento emprendedor vs. el pensamiento corporativo

> Sé lo más honesto que puedas. Este es tu gran ideal.
> Si te esfuerzas al máximo, no podrás hacer más.
> H. W. Dresser

Toda la gente quiere alcanzar el nivel más elevado de éxito económico a lo largo de su carrera. De acuerdo con Thomas Stanley, autor de *El millonario de la casa de al lado*, 80% de los millonarios que amasaron su propia fortuna son empresarios. Hicieron su fortuna a lo largo de su vida con base en un negocio que echaron a andar y construyeron, produciendo y vendiéndole algo a alguien. Estas personas pensaron y actuaron como empresarios la mayor parte del tiempo.

Según información de la revista *Forbes* de marzo de 2015, actualmente en el mundo hay 1 826 multimillonarios, de los cuales 66% amasaron su fortuna por sí mismos. Empezaron como empresarios, sin nada en las manos, y construyeron su fortuna a partir de cero trabajando duro, con una meta clara, enfocados y concentrados en ella, creando y vendiendo productos y servicios que la gente quería y por los que estaba dispuesta a pagar.

PIENSA EN LOS CLIENTES

El pensamiento empresarial implica enfocarse en los clientes todo el tiempo, pensar en ellos de forma continua.

En su libro *In Search of Excellence*, Tom Peters escribió que la cualidad más importante de los negocios importantes era "la obsesión con el servicio al cliente".

Hace no mucho pasé un día entero con el presidente de una empresa de 2 000 millones de dólares, la cual creó en la mesa de su cocina. Cuando le pregunté en qué puesto de su empresa se visualizaba, me contestó de inmediato: "Jefe ejecutivo de ventas". Y cuando le pregunté por qué, me dijo: "Ese era mi puesto cuando empecé y sigue siéndolo hasta la fecha porque pienso en las ventas todo el tiempo".

PENSAMIENTO CORPORATIVO

El pensamiento corporativo es distinto del pensamiento de emprendedor. La gente que trabaja en empresas, ya sean empleados, gerentes, ejecutivos o técnicos, considera que los clientes no son importantes o, de plano, que son un problema porque siempre se están quejando o pidiendo algo nuevo o distinto. Muchos ven a los clientes como moscas a las que hay que darles manotazos y espantar para que se alejen.

A los pensadores corporativos solo les preocupa hacer su trabajo, complacer a sus superiores, seguir las reglas y hacer lo mínimo necesario para evitar que los despidan de su empleo. Los empleados y, en general, quienes trabajan en corporaciones, usan palabras como "ellos", "su (de ellos)" o "la empresa" para describir a la corporación misma y a la gente que está a cargo de ella.

Sienten que lo que sucede en la empresa tiene muy poco que ver con ellos de manera personal. Dicen cosas como: "Un empleo es un empleo". Hace algún tiempo, un empleado corporativo me dijo: "Cuando voy a la oficina, pienso en mi trabajo, pero cuando vuelvo a casa, no pienso ni en el trabajo ni en la empresa. Para nada".

FALTA DE INVOLUCRAMIENTO

Muchos investigadores han llegado a la conclusión de que más de 60% de los empleados de empresas grandes y pequeñas no se "involucran" ni "comprometen". No sienten un compromiso profundo con la empresa ni lealtad a la misma, solo se dejan llevar por el flujo del trabajo mientras piensan en hacer algo más. Revisan los avisos de empleos de manera regular, suben su currículum a Craigslist, LinkedIn y otros sitios de internet, y todo el tiempo están buscando algo distinto que hacer.

Los empleados corporativos llegan a trabajar al último minuto, aprovechan cada instante de sus descansos para el café y el almuerzo, y pasan hasta 50% de su tiempo conversando con sus compañeros de trabajo, revisando su correo electrónico y haciendo cosas de poco o nulo valor para la empresa.

EL COMPROMISO ES LA CLAVE

Los pensadores emprendedores son distintos, ellos están comprometidos con el éxito de su empresa, se ven a sí mismos como autoempleados y actúan como si fueran los dueños.

Cuando se refieren a su empresa y sus productos y servicios, usan palabras como "nosotros", "mío" y "nuestro". Y, sobre todo, aceptan altos niveles de responsabilidad en cuanto a los resultados.

Los pensadores emprendedores siempre se ofrecen a asumir más responsabilidad y piensan en contribuir de una manera más importante. Todo el tiempo están aumentando sus habilidades, aprendiendo cosas nuevas y buscando maneras de volverse más valiosos para su empresa.

Asimismo, los pensadores emprendedores buscan formas de aumentar las ventas y la rentabilidad de sus empresas.

El pensamiento emprendedor es "clientecéntrico", implica una estrategia enfocada en el cliente. Los pensadores emprendedores piensan todo el tiempo en sus clientes y compradores.

LAS VENTAS SON ESENCIALES

Como lo mencioné en un capítulo anterior, las ventas elevadas son la principal razón del éxito en los negocios y, de manera inversa, la principal razón del fracaso son las ventas bajas. Todo lo demás es pura palabrería.

La clave para el éxito en los negocios es la sigla VMP, que significa "Vende más productos". Esto es en lo que se enfoca la mayor parte del tiempo el pensador emprendedor, pero ¿cómo podemos vender más productos o servicios, según sea el caso?

La gente de negocios exitosa posee ciertas cualidades, características y disciplina que le permiten lograr más de lo que logra una persona común.

Hay muchas maneras en las que puedes desarrollar las características del pensamiento emprendedor y contribuir de manera más importante a las ventas y la rentabilidad de tu organización. Recuerda las tres claves: claridad, enfoque y concentración.

FORMULA LAS PREGUNTAS BÁSICAS

Hay algunas preguntas elementales de negocios que necesitarás hacerte y responder todo el tiempo, en especial cuando enfrentes cambios rápidos en el conocimiento, la tecnología y la competencia.

En primer lugar, ¿en qué negocio estás en realidad? Define tu negocio en cuanto a la manera en que atiendes a tus clientes, y las mejoras o transformaciones que tus productos ejercen en su vida y su trabajo.

Los pensadores corporativos ven sus negocios como organizaciones que producen y venden productos y servicios. Los pensadores emprendedores consideran que la misión de su negocio es mejorar y enriquecer la vida de sus clientes.

Ahora te propongo un ejercicio: sin mencionar tu empresa, los productos ni los servicios, trata de describir tu negocio en términos de los cambios positivos o mejorías que estos ejercen en la vida de tus clientes. Verás que la primera vez que lo intentes será un verdadero desafío.

PIENSA COMO UN CLIENTE

El empleado corporativo dice: "Yo vendo automóviles".

El emprendedor dice: "Yo hago lo necesario para que la gente pueda conducir a donde quiera de manera cómoda y segura".

Cuando describas tu producto o servicio de acuerdo con lo que puede hacer para tus clientes, los problemas que resuelve y los beneficios de los que los clientes disfrutan, sabrás que lo estás haciendo bien porque provocarás respuestas como: "¿Y cómo haces eso?", "¡Lo quiero!" o "¡Tu producto es para mí!".

¿Quién es tu cliente o comprador ideal? ¿Quién es la persona perfecta para comprar lo que vendes? La respuesta a esta pregunta te dará la descripción de la demografía y la segmentación psicográfica del tipo de persona que más aprecia y valora las características especiales, las ventajas y los resultados del producto o servicio que ofreces.

¿Qué considera valioso tu cliente ideal? ¿Qué es eso que le puedes proveer y que le interesa lo suficiente para que tus precios parezcan no importarle?

La principal razón por la que los negocios fracasan es que hay muy poca o nada de demanda por su producto o servicio. La gente no lo valora o no lo quiere, no está interesada en adquirirlo.

TU ÁREA DE EXCELENCIA

¿Qué es eso que haces muy bien en especial? Comparado con tus competidores, ¿cuál es tu área de excelencia o superioridad en cuanto a lo que tu cliente quiere o necesita, o por lo que está dispuesto a pagar?

Todas las empresas, productos y servicios deben tener una ventaja competitiva y comparativa sobre sus competidores, algo que los haga la mejor opción e, idealmente, la "única" opción en el mercado. ¿Cuál es tu ventaja competitiva o cuál podría ser?

Jack Welch dijo: "Si no tienes una ventaja competitiva, no compitas". Welch es famoso por haber dicho que General Electric sería el número uno o dos de todos los mercados en que participara o, de lo contrario, abandonaría el mercado y concentraría su esfuerzo en otros sitios.

Para que una empresa sea exitosa debe dominar un nicho del mercado. Los consumidores del mercado deberán reconocerla como "la mejor" en por lo menos un área.

¿En qué área dominas o podrías dominar tu mercado? ¿Qué tendrías que hacer más o hacer menos? ¿Qué tendrías que empezar a hacer o dejar de hacer?

Peter Drucker, asesor de Jack Welch, dijo: "Si no tienes una ventaja competitiva clara, desarrolla una".

De manera esencial, el pensamiento emprendedor se enfoca en desarrollar y mantener una ventaja competitiva significativa en los mercados.

TU MODELO DE NEGOCIO

Actualmente, la actividad empresarial se enfoca cada vez más en el modelo de negocio, es decir, en la compleja estrategia que usa tu empresa para producir, vender y entregar tu producto o servicio a más y más clientes de manera rentable y eficaz respecto al costo. ¿Cuál es tu modelo?

De acuerdo con Geoffrey Colvin de la revista *Fortune*, muchas, si no es que todas las empresas operan utilizando un modelo de negocio anticuado, un modelo que es obsoleto por completo o hasta cierto punto.

¿Cómo saber si tienes el modelo correcto para tu negocio? La medición más sencilla consiste en verificar que tus ventas y la rentabilidad aumenten de manera constante y predecible.

Si las ventas son erráticas o inconsistentes, si se estancaron o, aún peor, si están en declive, podría significar que tu modelo de negocio ya no funciona. De ser así, deberás cambiarlo porque, de lo contrario, el fin llegará más pronto de lo que piensas.

PIENSA EN TU NEGOCIO

El pensamiento emprendedor exige que revises y evalúes de manera continua los elementos esenciales de tu modelo de negocios.

1. ¿Qué valor ofrece tu producto? ¿Qué trabajo realiza tu producto para el cliente? ¿Qué problema resuelve? ¿Qué beneficios aporta? ¿Qué molestias elimina? ¿Qué metas les permite

a tus clientes lograr? Y, en especial, ¿qué tan relevantes son tus ventajas clave para tus clientes?

Tu capacidad de hacer y responder estas preguntas de manera precisa determinará en gran medida el futuro de tu negocio.

2. ¿Quién es tu cliente? ¿Cuáles son los clientes a quienes más pueden beneficiar tus productos o servicios? ¿Cuál es su demografía? ¿Qué edad tienen, qué ingresos perciben? ¿Cuál es su nivel educativo, sexo, ocupación y tipo de organización familiar?

   ¿Cuál es su segmentación psicográfica? ¿Cuáles son sus esperanzas, sueños, miedos, ambiciones y aspiraciones en relación con lo que vendes?

   En especial, ¿cuál es su etnografía? ¿Cómo usan tu producto o servicio? ¿Qué papel juega en su vida o su trabajo? ¿Qué tan importante es para ellos en comparación con otras cosas?

3. ¿Cuáles son las maneras más eficaces en que podrías comercializar (atraer a nuevos prospectos), vender (convertir a los prospectos en clientes y compradores) y distribuir (hacer llegar tu producto a las manos de los compradores)?

   ¿De qué manera podrías atraer a más clientes que también paguen más? ¿Cómo podrías venderles más rápido y de manera más efectiva a los prospectos que lograras atraer? ¿Cómo podrías distribuir tu producto más rápido y de manera más eficiente? (¡Piensa en Amazon.com!).

La regla dice que sin importar lo que estés haciendo ahora, para mantenerte en tu mercado actual deberás tener un año muchísimo mejor a partir de este momento.

4. ¿De qué manera puedes ofrecerles a tus clientes un servicio tan bueno que se sientan felices, continúen comprándote y les recomienden a otros comprar tus productos también?
5. ¿Cuál es el costo de tu negocio y cómo podrías modificarlo para obtener una mayor rentabilidad?

    ¿Qué necesitarías para poder subcontratar, reducir o eliminar ciertas actividades, y continuar ofreciendo el mismo nivel de calidad, pero con un costo de operaciones menor?

CONTINÚA HACIENDO PREGUNTAS

Los emprendedores de todos tipos de negocios piensan en estos factores fundamentales todo el tiempo, siempre están dispuestos a considerar la posibilidad de haberse equivocado o de que haya mejores maneras de obtener resultados en una o más de estas áreas.

Los emprendedores practican el pensamiento base cero todo el tiempo y en cada aspecto del negocio. Se preguntan: "Sabiendo lo que sabemos ahora, ¿hay algo que estemos haciendo en lo que no volveríamos a involucrarnos si tuviéramos que empezar todo de nuevo?".

A los emprendedores les preocupa más saber qué es lo correcto que saber quién tiene la razón, por eso mantienen a su ego fuera de la discusión.

Los emprendedores están dispuestos a admitir: "Podría estar equivocado".

Los emprendedores también admiten abiertamente cosas como: "Cometí un error", y se ponen a trabajar de inmediato para corregirlo lo antes posible en lugar de alardear, decir fanfarronadas, obstaculizar o esperar que las cosas se arreglen por sí solas.

Cuando reciben nueva información, están preparados para anunciar: "Cambié de opinión", y aceptan de buena gana y de inmediato ideas y métodos nuevos para obtener mejores resultados, sin importar de dónde provengan.

ENFOQUE EN EL CLIENTE

El pensamiento emprendedor exige que pienses en el cliente todo el tiempo. Siempre debes buscar maneras nuevas, distintas, mejores, más rápidas y económicas de servirles a los clientes y ofrecerles más y más de lo que quieren y necesitan.

Tu capacidad de pensar como empresario y emprendedor en lugar de como empleado será lo que más te ayude a liberar tu potencial en tu carrera. Incluso podría volverte rico.

EJERCICIOS PARA ENTRAR EN ACCIÓN

1. Define con claridad a tu cliente perfecto. ¿Cómo podrías servirle mejor que tus competidores?
2. Determina el valor de tu oferta, es decir, identifica una o dos cualidades de tus productos o servicios que los hagan superiores a los de tus competidores.
3. Examina tu modelo de negocios para asegurarte de que la manera en que estás generando ventas y rentabilidad en este momento sea la mejor y más eficiente.

Capítulo 10

La forma de pensar del rico vs. la forma de pensar del pobre

> El pensamiento es la fuente original de toda la riqueza, el éxito, las ganancias materiales, de los grandes descubrimientos e invenciones, y de todos los logros.
>
> Claude M. Bristol

Nunca hubo tantas oportunidades para volverte rico, ni más maneras distintas de hacerlo como las hay ahora. La gente está echando a andar negocios en industrias distintas como nunca. El hecho de que haya más conocimiento, información y tecnología disponibles permite que se creen más productos y servicios que la gente quiere y necesita, y por los que está dispuesta a pagar. Lo único que requieres para empezar a amasar una fortuna es una idea nueva.

En 1900, tras 200 años de desarrollo económico y crecimiento, había 5 000 millonarios en Estados Unidos. Para 1980 había un millón y en 2015 había más de 10 millones de millonarios y 1 865 multimillonarios. La mayoría empezó con las manos vacías y amasó su fortuna a lo largo de su generación. Siendo razonables, tú también puedes hacerlo.

LO QUE SUCEDE DENTRO, SUCEDE FUERA

La ley de la correspondencia funciona para todas las personas todo el tiempo y en todas las circunstancias. Esta ley dicta que tu mundo exterior será reflejo de tu mundo interior. Todo se mueve de adentro hacia fuera, no puedes lograr algo en el exterior hasta que no lo hayas hecho dentro. Para ser rico en el mundo exterior debes pensar como rico en el interior, no hay otra manera de lograrlo.

La gente pobre piensa como gente pobre, tiene creencias autolimitantes que le impiden intentar siquiera ser rica. En un estudio realizado hace algunos años, intitulado *One Hundred Million Millionaires* (Cien millones de millonarios), los investigadores demostraron que con solo ahorrar 100 dólares al mes a lo largo de la vida laboral, invertirlos y permitir que se sumen los intereses, es posible reunir un millón de dólares para cuando llegue la edad del retiro. ¿Por qué no todas las personas lo hacen? ¡Porque piensan como pobres!

En su libro de 2014, *Money: Master the Game*, Tony Robbins hizo énfasis en lo que dijo Einstein: "El interés compuesto es la fuerza más poderosa del universo".

Después de realizar extensas entrevistas con 50 de las personas más ricas del mundo, Robbins llegó a la conclusión de que casi todos podían empezar de a poco, ahorrar e invertir de manera regular, aprovechar el milagro del interés compuesto y, con el tiempo, alcanzar la independencia financiera o incluso volverse ricos. Este sencillo método les ha funcionado a casi todos a lo largo de la historia, ¿por qué no también a ti?

MILLONARIOS QUE AMASARON SUS PROPIAS FORTUNAS

Hace algunos años me pidieron que ofreciera una charla sobre "millonarios que amasaron su fortuna por sí mismos" a un grupo numeroso de dueños de negocios de todo el país. Esta invitación me forzó a reflexionar con detenimiento y esa reflexión cambió mi vida.

Desde mi adolescencia tuve la ambición de ser millonario al llegar a los 30 años, pero cuando llegué a esa edad seguía en bancarrota, así que lo postergué a los 35, y a los 35 lo postergué para los 40, pero con cada vez menos esperanzas de reunir un millón de dólares.

Sin embargo, cuando me pidieron que ofreciera aquella plática sobre los millonarios que amasaron sus propias fortunas, me di cuenta de que sabía muy poco de ellos. Por eso me lancé de lleno y con mucho entusiasmo a investigar quiénes eran y qué hicieron para pasar de cero a un millón de dólares en varios años de su propia vida.

Con toda la información que pude recabar desarrollé un programa llamado "21 secretos de éxito de millonarios que amasaron sus propias fortunas", el cual les he presentado a lo largo de los años a alrededor de un millón de personas en 50 países. Lo interesante es que mientras investigaba y le enseñaba a la gente la forma en que estos millonarios pensaban y actuaban, empecé a practicar los principios en mi vida personal, y en menos de cinco años me había vuelto millonario.

REPROGRAMA TU FORMA DE PENSAR

Muchas personas de todo el mundo me han dicho que escuchar este programa de manera repetida y practicar los principios que en él se enseñan les ayudó a volverse millonarias también, a pesar de haber sido pobres y haber batallado durante años. Tú también puedes lograrlo.

En este capítulo compartiré contigo una serie de ideas simples que puedes aprender y aplicar, se basan en la extensa investigación que realicé sobre la vida y los hábitos de miles de personas ricas.

Debido a la ley de causa y efecto, si piensas y haces lo mismo que hace la gente adinerada, muy pronto obtendrás los mismos resultados que ella.

En una ocasión, Og Mandino, autor motivacional de best-sellers, me dijo: "El éxito no tiene secretos, solo verdades eternas y principios universales que han sido descubiertos y redescubiertos a lo largo de la historia humana. Lo único que tienes que hacer es aprenderlos y practicarlos para disfrutar de todo el éxito que podrías desear".

LAS RAZONES POR LAS QUE LA GENTE NO SE VUELVE RICA

Una vez que rebasé la frontera mágica del millón de dólares empecé a mirar a mi alrededor y a preguntarme: "¿Por qué no toda la gente usa estos sencillos principios para volverse rica?".

Continué con mi investigación y descubrí que había siete razones por las que la gente no se volvía rica. Analicémoslas una por una.

1. NUNCA SE LES OCURRE

A muchos no se le ocurre que pueden volverse ricos. Debido a la forma en que los criaron y al condicionamiento temprano, a que tal vez vienen de un hogar en el que nadie fue rico nunca, o porque solo se relacionaban con gente pobre, nunca se les ocurrió que podrían volverse ricos como lo hicieron millones de personas antes que ellos.

2. NUNCA LO DECIDEN

Nunca deciden hacerlo. Muchas personas desean, esperan, sueñan y fantasean respecto a lo distinta que sería su vida si tuvieran mucho dinero. Admiran y envidan a quienes las rodean y les va mejor que a ellas. Se preocupan por el dinero todo el tiempo.

Sin embargo, nunca toman la decisión firme o tajante de volverse ricas y, por lo tanto, ni siquiera dan el primer paso. No aprenden técnicas de creación de riqueza, no mejoran sus conocimientos y habilidades para ser más valiosas en su trabajo. Dan excusas y racionalizan su situación diciendo que el éxito es una cuestión de "suerte" y que ellas no son afortunadas.

3. PROCRASTINAN

Si acaso a alguien se le ocurre que es posible volverse rico, nunca comienza, solo procrastina. Se muda a ese maravilloso lugar fantástico llamado "Algún día voy a…".

"Algún día voy a ahorrar mi dinero en lugar de gastarlo todo".

"Algún día voy a aumentar mi conocimiento y habilidades".

"Algún día voy a trabajar con más ahínco y a volverme más valioso para mi jefe".

"Algún día voy a salir de deudas".

Esa persona termina viviendo en "Algún día voy a…" toda su vida.

Uno de los más importantes métodos para alcanzar el éxito consiste en que tú mismo o alguien más te ponga un ultimátum. Deja de poner excusas y empieza a trabajar para avanzar.

4. LE TIENEN MIEDO AL FRACASO

Debido a la crítica destructiva recibida en la infancia y a errores que cometieron siendo adultos, a muchos los paraliza el miedo a equivocarse, y a perder tiempo o dinero. Incluso cuando se les presenta una oportunidad, no saben cómo actuar o responder.

Su miedo al fracaso hace que den todo tipo de razones y pretextos para no actuar. No tienen tiempo, no pueden hacer la inversión mínima, no tienen ni el conocimiento ni las habilidades necesarias. Estos individuos se quedan paralizados como venaditos frente a los faros de un automóvil, la idea de fracasar les impide actuar y, por lo tanto, nunca hacen nada.

La mayor parte de las fortunas amasadas en Estados Unidos empezaron gracias a la venta de servicios personales. La gente no tenía dinero, pero podía trabajar con ahínco, mejorar sus habilidades y volverse cada vez más valiosa. Esto permitió que las puertas de la oportunidad se abrieran para muchos.

5. LE TIENEN MIEDO A LA CRÍTICA Y A LA DESAPROBACIÓN

Muchos piensan que si se fijan la meta de mejorar en el aspecto económico, la gente que los rodea los ridiculizará y criticará, que los observarán sin descanso y señalarán muy contentos cada error que cometan. Su miedo a esta crítica y condena es tanto, que con frecuencia deciden no intentar nada.

Esta es la solución: cuando decidas volverte rico no se lo digas a nadie, mantenlo en secreto. Trabaja en tu meta con discreción y solo revela información cuando los otros vean que tu vida mejora y te pregunten cómo lo hiciste.

6. DEJAN DE APRENDER Y DE CRECER

Para lograr algo que no has intentado debes aprender y practicar cosas que no has hecho hasta ahora. Los peldaños de la escalera hacia el éxito financiero son el conocimiento y las habilidades, para triunfar en lo económico empezando de cero tendrás que aprender, desarrollar y practicar una serie de habilidades nuevas que te permitirán volverte valioso e incluso indispensable en tu trabajo.

Abraham Lincoln dijo: "Estudiaré, me prepararé y, algún día, llegará mi oportunidad". Cuando estudias y te preparas se activa un principio universal que te coloca en situaciones en las que puedes practicar tus nuevas habilidades, sin embargo, desarrollarlas para empezar y continuar trabajando en ellas a lo largo de toda tu vida solo dependerá de ti.

7. **FALTA DE PERSISTENCIA**

La mayoría de la gente no persiste suficiente tiempo para tener éxito. La gente exitosa te dirá que la razón principal de su éxito es que se negó a rendirse, se negó a renunciar a sus metas cuando las cosas se pusieron difíciles. Las personas exitosas insistieron una y otra vez, año tras año, incluso cuando cayeron en bancarrota y en la ruina absoluta. Nunca se detuvieron.

Resulta impresionante ver cuánta gente se rinde y deja de trabajar estando a unos cuantos pasos de llegar al punto de inflexión en su vida, de cruzar la frontera hacia lo que habría sido un gran éxito. La persistencia y la determinación son lo único que puede garantizar que logres todas tus metas financieras.

APRENDER Y PRACTICAR

Por suerte, aprender y practicar nos permite superar todas estas limitaciones que impiden llegar al éxito financiero. Cuando aprendes a pensar como la gente rica, te vuelves capaz de convertir cada uno de estos obstáculos en un escalón más hacia el éxito.

La ley de la correspondencia es una ley mental inmutable. Funciona para todas las personas, en todas las situaciones y circunstancias. Es inevitable y casi predecible.

En referencia a la acumulación de riqueza, esta ley dice que, en el exterior, te comportarás de manera congruente con los pensamientos, sentimientos, creencias, ideas y valores que tengas en el interior. Por fuera siempre actuarás de una forma que coincide con lo que en verdad crees en el interior y eso permitirá que dentro de poco obtengas los mismos resultados que otras personas que pensaron de la misma manera.

COMO LO PENSÓ UN HOMBRE

Ahora te hablaré de lo que los psicólogos denominan "autoconcepto", una de las innovaciones más importantes en el desarrollo del potencial humano en el siglo xx. Tu autoconcepto es lo que piensas de ti, la serie de creencias que tienes respecto a ti mismo. Sea cual sea tu autoconcepto, en el exterior siempre serás consistente con él. De hecho, uno siempre puede saber lo que la gente piensa, siente y cree sobre sí misma con solo observar lo que hace en su vida diaria.

Todos los resultados y el progreso en el desempeño externo empiezan por el mejoramiento de tu autoconcepto. Cuando desde el interior empiezas a pensar respecto a ti mismo de manera positiva y constructiva, y a considerar que tienes éxito económico, en el exterior te empiezas a comportar de manera congruente con tus creencias hasta que se vuelven realidad.

Los niños que crecen en hogares de gente pudiente, en especial los que tienen padres que empezaron como empresarios y trabajaron muy duro para alcanzar el éxito en una generación, son mucho más propensos a tener éxito y llegar a ser ricos en la adultez. Desde niños les inculcaron las creencias y el estilo de vida de los exitosos y adinerados, por eso, cuando crecen, es lo mínimo que esperan tener. No aceptarán nada por debajo de sus estándares y no descansarán hasta conseguirlo.

DESARROLLA UNA MENTALIDAD DE RICO

Para desarrollar el autoconcepto de una persona adinerada se requiere de muchos años de vivir en inmersión y estar expuesto a los hábitos y comportamientos de la gente rica. A veces, sin embargo, basta con verse expuesto a la influencia de una sola persona a través de un seminario, un libro o un programa de audio que produzca una impresión tan vívida en el individuo que, a partir de ese momento, solo pueda pensar en sí mismo como alguien que tendrá éxito económico, y que por el momento nada más esté buscando el lugar donde sucederán las cosas.

Para volverse rica, a mucha gente le ha bastado con escuchar un programa de audio o asistir a un seminario. En muchos casos, las ideas y la motivación contenidas en un solo libro hacen que las personas cambien de dirección y generen riqueza, en unos cuantos años a veces.

LA FUENTE HISTÓRICA DE LA RIQUEZA

A lo largo de la historia de la humanidad, e incluso en la actualidad en algunos países, la gente ha adquirido riqueza tras arrebatársela a otra persona o país. Lo primero que hacían los ejércitos napoleónicos cuando invadían un país o principalidad era saquear el área y llevarse o enviar a París todo lo que fuera transportable. Napoleón se volvió tan hábil en obtener botines para Francia que, tiempo después, lo hicieron emperador y le otorgaron autorización absoluta para enviar a sus ejércitos a saquear todo el continente europeo.

Lo primero que hacían los nazis bajo la autoridad de Hitler al invadir un país era robar todo lo transportable y enviarlo a Alemania en tren. Cuando los rusos contraatacaron en la Segunda Guerra Mundial, saquearon, desvalijaron y robaron todo lo que encontraron a su paso. A lo largo de la historia, los dictadores que han detentado el poder en algún país han robado todo a lo que le han podido echar mano. En estos casos, no se trató de creación de riqueza, sino de una transferencia de la misma, del más débil hacia el más fuerte.

CREACIÓN DE RIQUEZA HOY EN DÍA

Después de 1815, en Europa y más delante en Estados Unidos, se produjo un fenómeno inusitado. La gente descubrió que podía generar riqueza fabricando productos y creando servicios que la gente quisiera y necesitara, y por los que estuviera dispuesta a pagar. Entonces se establecieron sistemas legales para proteger la producción y la adquisición de riqueza de esta manera, y eso permitió que todos los países que aceptaron tener un sistema de mercado se enriquecieran.

Debido a que los empresarios y quienes construían negocios no tenían miedo de que las autoridades les expropiaran la riqueza, contrario a lo que sucede en algunos países en la actualidad, muchas de las mentes y talentos empresariales más inventivos se enfocaron en la generación de riqueza en lugar de solo en la transferencia.

Por primera vez en la historia, en Estados Unidos se popularizó y fue aceptada la expresión "hacer dinero". Gente de todo el mundo vino a vivir aquí y así sigue sucediendo. Muchos vienen para aprovechar y participar en el sistema empresarial y de creación de riqueza más grande en la historia de la humanidad.

EMPEZAR SIN NADA

En la actualidad, los inmigrantes que llegan a Estados Unidos tienen cuatro veces más probabilidades de convertirse en millonarios que los estadounidenses nacidos en el país debido a que estos últimos han perdido de vista la clave para volverse ricos: encuentra una necesidad y satisfácela.

Steve Siebold, autor del libro *How Rich People Think*, dijo: "Si quieres hacer mucho dinero, encuentra un gran problema que aqueje a mucha gente y resuélvelo de forma innovadora".

Esta también es tu clave para la creación de riqueza, no hay otra manera de volverse rico, salvo sirviendo a otros y ofreciéndoles lo que quieren y necesitan, aquello por lo que estén dispuestos a pagar.

DESARROLLA HÁBITOS DE RICO

Dicho de manera simple, la gente rica tiene hábitos de gente rica y la gente pobre tiene hábitos de gente pobre. Mary Kay Ash, una asombrosa millonaria que amasó su propia fortuna, solía motivar a sus distribuidoras diciéndoles: "No piensen como si tuvieran una estola de conejo, piensen como si tuvieran una estola de visón".

La gente rica piensa con estola de visón respecto a todos los aspectos de su vida.

Recuerdo que cuando tenía treinta y tantos años, cuando todavía batallaba, no tenía dinero y trabajaba muy duro, pero avanzaba muy poco, me inscribí en el programa ejecutivo de maestría en administración de empresas de la universidad local. Una noche, cuando llegué a clase, un empresario adinerado y exitoso, conocido en la comunidad, se estacionó en el lugar adyacente al mío en el estacionamiento. Conducía un Mercedes-Benz 450 SEL color plata. Yo me bajé de mi viejo Volvo y me quedé viendo su automóvil. Él me miró, miró mi automóvil y volteó a ver el suyo. Sonrió, se despidió ondeando la mano y se fue caminando al salón de clase.

En ese momento decidí que haría lo que fuera necesario para ser lo bastante rico para poder tener un grande, hermoso y costoso Mercedes-Benz como ese. Cuando le eché un vistazo al interior, vi que tenía tapicería de cuero azul. Hice una nota mental y me fui caminando.

PIENSA COMO RICO

A partir de ese instante empecé a pensar como rico. Comencé a leer dos o tres veces al día sobre los hábitos y el comportamiento de la gente rica. Conseguí otro empleo, y luego un empleo aún mejor. Asumí más responsabilidad y empecé a ascender en el escalafón. Trabajé más horas, a veces hasta 12 al día, generé cada vez más y más dinero para mi empleador, y él lo compartió conmigo a través de diversos bonos y de la repartición de utilidades.

Tres años después me dirigí a una distribuidora de Mercedes-Benz, canjeé mi automóvil, pagué y salí con un Mercedes-Benz 450 SEL color plateado con tapicería de cuero azul. Fue uno de los momentos más importantes de mi vida.

DESARROLLA LOS HÁBITOS

Para desarrollar pensamiento de rico y volverte pudiente, primero debes formarte los hábitos de la gente rica, tanto los de pensamiento como los de acción. Jim Rohn dijo en una ocasión: "Lo importante no es volverse millonario, sino volverse el tipo de persona que tienes que ser para volverte millonario. Luego, incluso si perdieras todo tu dinero, podrías recuperarlo porque serías el tipo de persona que sabe cómo generar esa cantidad de riqueza".

Mike Todd, productor fílmico y esposo de Elizabeth Taylor, perdió todo su dinero en una gran producción y cayó en bancarrota. La noticia apareció en los periódicos y muchos de sus "amigos" se rieron de él a sus espaldas.

Uno de ellos le preguntó: "¿Qué se siente ser pobre, Mike?".

Mike Todd respondió con una frase clásica: "Nunca he sido pobre, solo he estado en quiebra. Ser pobre es un estado mental, estar en quiebra es una situación temporal".

Entonces se puso a trabajar en su nuevo proyecto, el cual tuvo éxito, y un par de años después ya era rico de nuevo.

LO NATURAL ES NEUTRAL

La ley de causa y efecto, la gran ley del universo, dice que si piensas y actúas como la gente rica, dentro de poco serás parte de ella. Y si no lo haces, no.

Lo natural es neutral. La naturaleza es como la estatua de la justicia, está vendada de los ojos. La naturaleza no tiene favoritos. Como dijo Goethe: "La naturaleza no entiende de bromas, es siempre legítima, siempre seria, siempre severa; a la naturaleza siempre le asiste la razón. Los errores y las fallas le corresponden siempre al hombre. La naturaleza desprecia a aquel incapaz de apreciarla, y solo se entrega y le revela sus secretos al apto, al puro, al auténtico".

Por suerte, tu mente es la única cosa en el universo sobre la que tienes control absoluto, y eso es todo lo que necesitas para empezar.

EL PENSAMIENTO "ALGO A CAMBIO DE ALGO" VS. EL PENSAMIENTO "ALGO A CAMBIO DE NADA"

Esta es una importante diferencia en la forma de pensar de la gente rica y la de la gente pobre. La gente rica siempre busca maneras de generar valor, de desarrollar y crear productos y servicios que enriquezcan y mejoren la vida y el trabajo de otras personas.

Los ricos siempre están dispuestos a dar antes de tomar, no creen en el dinero fácil ni en recibir algo a cambio de nada. La gente rica cree que cualquier recompensa y riqueza que desees tendrás que ganártela de manera justa, y que tendrás que pagar por ella con trabajo y tesoros.

La gente pobre carece de esta comprensión fundamental: la relación directa entre lo que ofreces y lo que obtienes. Las personas pobres siempre tratan de obtener algo a cambio de nada o, al menos, de lo menos posible. Quieren tener éxito sin logros, riqueza sin trabajo, dinero sin esfuerzo, y fama sin talento.

La gente pobre apuesta, compra boletos de lotería, llega a trabajar al último instante posible, desperdicia tiempo mientras está en la oficina y luego se va en cuanto puede. Se forman detrás de cientos y miles como ellos para hacer una audición y participar en programas como *American Idol*, piensan que se pueden volver ricos y famosos sin tener que pagar el precio necesario para desarrollar el nivel de talento y la habilidad que les permitiría ponerse por encima de sus competidores.

Uno de los grandes secretos para volverse rico consiste en siempre hacer más de aquello por lo que te pagan. Si haces esto, siempre te pagarán más de lo que estás recibiendo ahora, no hay otra manera de lograrlo.

Siempre ve más lejos y mantente dispuesto a ofrecer y dar más de lo que estás recibiendo. En la carretera que va más allá, nunca hay embotellamientos.

DESARROLLA NUEVOS HÁBITOS

Tus hábitos, los que tienen que ver con el pensamiento y los relacionados con las acciones, son lo que determina 95% de todo lo que haces.

La gente exitosa tiene buenos hábitos que conducen a una vida feliz, productiva y próspera. La gente pobre tiene hábitos de pobre o, incluso, ningún hábito, y esto, por supuesto, conduce a la situación contraria. Por suerte, todos los hábitos se pueden aprender a través de la práctica y la repetición, puedes aprender cualquier hábito o habilidad que necesites para lograr cualquier meta que te fijes.

La única pregunta que debes hacerte es: "¿Cuánto lo anhelo en verdad?".

A lo largo de muchos años, los investigadores han estudiado y comparado a gente rica y gente pobre para determinar qué es lo que diferencia a estos grupos.

La conclusión es que puedes empezar con cualquier tipo de ventaja en la vida, como una buena familia, educación excelente y contactos y oportunidades ideales, pero si careces de los hábitos mentales necesarios para el éxito, nada de lo que tengas te servirá.

Por otra parte, también puedes empezar sin ventaja alguna, como la gente que escapa de un país pobre o una dictadura y llega a otro sin contar con amigos, contactos o, incluso, sin hablar el idioma, pero que cuenta con hábitos excelentes y, por lo tanto, puede diseñarse una vida genial.

LA ESTRATEGIA DE LOS SIETE PASOS

Los hábitos se desarrollan con una sencilla estrategia de siete pasos.

Primero, esfuérzate en desarrollar solo un hábito a la vez. Si eres demasiado ambicioso y decides desarrollar varios buenos hábitos y hacerlo rápido, terminarás fracasando. Sé paciente: "Despacio que voy de prisa".

Como se necesitan entre 20 y 30 días de repetir un hábito para adquirirlo, cada mes podrías desarrollar un nuevo hábito para la creación de riqueza, es decir, 12 hábitos al año, y con eso basta.

Las personas más ricas, por ejemplo, se despiertan antes de las 6:00 a.m., tres horas antes de su primera cita, y tienen rituales que realizan a diario. Se levantan, hacen ejercicio, se visten, planifican y se preparan para el día.

Leen, aprenden algo y se organizan. Por lo general, empiezan a trabajar antes de que la persona promedio haya bebido su primera taza de café. Este es uno de los hábitos que podrías desarrollar de inmediato y que cambiaría tu vida.

En segundo lugar, ingresa nueva información en tu sistema. Decide qué hábito sería útil que te formaras y sé claro respecto a esta nueva manera de pensar y actuar que quieres adoptar. Haz que el hábito empiece a operar en tu mente.

La gente rica, por ejemplo, casi siempre está pensando en generar riqueza, de forma continua observa a su alrededor en busca de oportunidades para hacer más dinero ofreciéndole a la gente productos y servicios que quiera y necesite, ahora mismo y en el futuro. Estas personas piensan todo el tiempo en la generación de ingresos. Tú podrías hacer lo mismo.

En tercer lugar, afirma que *ya* tienes este hábito. Afírmalo para ti mismo, repite una y otra vez: "En todos lados veo oportunidades de hacer dinero". Las palabras más poderosas son las que te repites a ti mismo y en las que crees.

Lee, aprende, estudia y reúne información sobre cómo hacer dinero, hazlo de forma continua. Lee entrevistas y anécdotas de otras personas que empezaron con muy poco, pero alcanzaron el éxito financiero, piensa de qué manera podrías hacer lo mismo.

Visualízate practicando este nuevo hábito. Recuerda: "La persona que ves es la persona que serás".

Toda mejoría en tu desempeño empieza con un cambio en las imágenes mentales de ti mismo actuando de una forma en particular. Siempre actúa en el exterior de la manera que quieres actuar en el interior.

Genera una imagen mental tuya levantándote de la cama antes de las 6:00 a.m. todos los días y empezando tu día enseguida. Resulta asombroso cuánta gente adinerada dice que siempre empieza la mañana desde las 4:00 o 5:00 a.m. en muchos casos, y hace entre 30 y 60 minutos de ejercicio aeróbico. Si tú haces lo mismo a lo largo de todo un mes, dentro de poco desarrollarás una adicción positiva a esa sensación de estar alerta, despierto y lleno de energía todo el día.

En quinto lugar, actúa como si ya hubieras adoptado este nuevo hábito. Hay algo que se llama ley de la reversibilidad y que es responsable de las grandes transformaciones que muchas personas experimentaron en su camino hacia el éxito financiero.

Esta ley dice que si te sientes de una forma específica o si crees ser un tipo de persona en particular, de forma natural actuarás así. Pero ¿qué pasa si empiezas tu camino sin sentir que eres una persona rica o exitosa?

William James de la Universidad de Harvard dijo: "Si no tienes aún el hábito que deseas desarrollar, actúa como si ya lo hubieras desarrollado en todos los aspectos. Esta simple acción generará en poco tiempo el convencimiento real".

La gente exitosa planea cada día con anticipación, por lo general lo hace la noche anterior. Estas personas establecen prioridades en sus tareas y empiezan a trabajar en la más importante primero, antes que en cualquier otra cosa. Tú también puedes hacerlo, podrías empezar mañana mismo.

A medida que planees y organices tu día, piensa: "Esto es lo que hace la gente rica", y en muy poco tiempo se habrá vuelto un hábito y formará parte inamovible de tu rutina diaria.

En sexto lugar, niégate a hacer excepciones. Una vez que hayas decidido desarrollar un hábito, continúa trabajando en él sin detenerte hasta que lo hayas interiorizado por completo. No racionalices los comportamientos inútiles, niégate a justificar o dar pretextos por no apegarte a lo que decidiste hacer, eso solo lo hace la gente pobre.

En séptimo lugar, si te "caes del caballo", vuelve a montar de inmediato. Es probable que de vez en cuando recaigas en tu viejo hábito, si eso sucede, detente de inmediato y empieza a actuar de forma congruente con el nuevo hábito que hayas decidido desarrollar.

Sacúdete la breve caída, piensa: "La próxima vez lo haré mejor", y empieza de nuevo. No esperes que las cosas salgan bien la primera vez o incluso en los primeros intentos, sé paciente y persiste.

FÓRMATE BUENOS HÁBITOS

Es difícil formarse buenos hábitos, pero una vez que los adoptas es muy fácil vivir con ellos. Los malos hábitos, en cambio, se forman con facilidad, pero te dificultan mucho la vida. Por eso debes apegarte a la regla de solo adoptar buenos hábitos y permitir que ellos rijan tu vida.

Al principio es difícil aprender y practicar nuevos hábitos, pero poco después se vuelven automáticos y fáciles de mantener. En poco tiempo, practicar tu nuevo hábito será más fácil que recaer en las antiguas prácticas y formas de hacer las cosas.

HÁBITOS DE LA GENTE RICA

Tú puedes desarrollar varios de los hábitos que practican casi todas las personas ricas. De acuerdo con una encuesta realizada en 2015 por la revista *Forbes*, 76% de los multimillonarios que amasaron su propia fortuna y fueron entrevistados atribuyeron su éxito "al trabajo arduo y la autodisciplina".

Los millonarios suelen trabajar alrededor de 60 horas por semana, es decir, 10 o más horas a lo largo de seis días. De acuerdo con la información, se levantan temprano, empiezan a las 7:00 u 8:00 a.m. y continúan hasta las 6:00 o 7:00 p.m. David Foster, empresario musical, dijo: "No conozco a ninguna persona exitosa que trabaje menos de seis días a la semana".

HAZ LO QUE AMAS

Esta es la clave: haz lo que amas. Haz trabajo que disfrutes, te atraiga, te vigorice y te haga feliz. La mayoría de los millonarios dicen que nunca han trabajado en su vida, que solo hacen algo que aman y les pagan muy bien por ello. Tú deberías hacer lo mismo.

Además de trabajar con ahínco y tener autodisciplina, los millonarios evitan perder tiempo. Sin importar en qué industria se desempeñen, siempre están pensando en generar ingresos sirviéndoles a sus clientes mejor, más rápido y de una manera más económica que sus competidores. De manera continua se preguntan: "¿Es esta la manera más valiosa de usar mi tiempo para lograr mis metas?".

ESTABLECE METAS CLARAS

La mayoría de los millonarios están muy enfocados en las metas. Tienen un propósito mayor definitivo, una gran meta a la que a veces se refieren como su Gran, Audaz y Ambiciosa Meta (GAAM), y en la que trabajan todo el tiempo. ¿Cuál es tu meta más ambiciosa?

Los millonarios establecen parámetros, en especial de tipo financiero. También fijan fechas límite para cada una de sus metas.

Los millonarios son frugales, cuidan mucho su dinero. Antes de tomar una decisión examinan todos los detalles de una inversión o gasto. Les agrada ganar dinero y odian perderlo.

Los millonarios se enfocan en la acumulación financiera, en ganar y conservar cada vez más su dinero. Recuerda el proverbio japonés que dice que hacer dinero es como cavar en la arena con una aguja y perderlo es como verter agua en la arena.

APROVECHA TU TIEMPO

Los millonarios son gente sumamente productiva y aprovechan su tiempo. Planean cada día con anticipación, establecen prioridades claras en cuanto a su tiempo, se enfocan y se concentran en el uso más valioso de cada hora y cada minuto.

La gente pobre solo empieza a trabajar sin un plan detallado y termina desperdiciando una cantidad enorme de tiempo, se cansa y se siente decepcionada muchísimo antes de alcanzar el éxito.

Una de las habilidades más valiosas que puedes desarrollar es calcular cuánto te gustaría ganar por hora. Toma la cifra 2 000, que es la cantidad promedio de horas que la gente exitosa trabaja al año, y divídela entre los ingresos anuales que te gustaría tener. Si tu objetivo es ganar 100 000 dólares anuales, divide esta cifra entre 2 000 horas. El resultado es 50 dólares por hora.

A partir de este momento, cada minuto y hora del día pregúntate si lo que estás haciendo te paga lo que deseas ganar por hora o más. Si la respuesta es negativa, deja de hacerlo de inmediato. Delega el trabajo, subcontrata a un especialista o elimina la tarea. Niégate de manera rotunda a hacer cualquier cosa que no te pague la cantidad de dinero que has decidido ganar.

SOLO DI: "NO"

Cuando Nancy Reagan hablaba con adolescentes para disuadirlos de usar drogas, les decía: "¡Solo digan: 'No'!". Solo di: "No" a cualquier cosa que no implique el mayor aprovechamiento de tu tiempo, a cualquier cosa que no te pague la cantidad de dinero que quieres ganar.

Cuando a Warren Buffett le preguntaron cuál era el secreto de su éxito, de inmediato contestó: “Solo digo: ‘No’ a todo”.

John Doerr, capitalista de riesgo multimillonario de Silicon Valley, tiene personal que se encarga de hacer todo, excepto las muy pocas tareas que solo él puede realizar y que son las que le generan decenas de millones de dólares a la agencia. A todo lo demás le dice: “No”.

CONTINÚA APRENDIENDO Y CRECIENDO

Los millonarios siempre están teniendo nuevas ideas. Leen, aprenden y escuchan programas de audio entre dos y tres horas diarias. Se inscriben a servicios para recibir resúmenes de libros de negocios y artículos, tanto escritos como en audio. Saben que una sola idea clave combinada con el conocimiento que ya poseen puede cambiar el futuro de su negocio e incluso hacerles ganar una fortuna. Están convencidos de que la idea correcta existe en algún lugar, así que la buscan de manera constante a partir de todas las fuentes posibles.

EVITA LA TRAMPA DE LA TELEVISIÓN

La gente rica ve menos de una hora de televisión al día, en tanto que la gente pobre ve entre cinco y ocho horas, y solo se acuesta a dormir cuando se siente demasiado cansada de haber visto tanto.

Al día siguiente se levanta y enciende la televisión para empezar su jornada.

La televisión puede ser un esclavo maravilloso, pero es un amo implacable. Tu televisión te puede volver rico o pobre, te volverá rico si la dejas apagada la mayor parte del tiempo, pero te volverá pobre si solo te sientas y la ves durante horas.

En un estudio reciente se descubrió que a medida que la gente se vuelve más y más adinerada, empieza a alejar la televisión del centro de la actividad familiar. De hecho, la gente más adinerada tiene una "sala de TV", y para estar ahí y ver la televisión tiene que levantarse, caminar por un corredor, entrar y acomodarse. En pocas palabras, las personas ricas se dificultan a sí mismas ver televisión lo más posible, incluso hay quienes de plano se deshacen del aparato.

HAZ QUE TU CURIOSIDAD SEA INSACIABLE

Otro hábito que tiene la gente rica es el de formular muchas preguntas y escuchar las respuestas con atención. Los gerentes y directores de rango medio, y quienes ganan ingresos correspondientes a la clase media parecen hablar mucho y prestar muy poca atención a otros cuando hablan. La gente adinerada hace muchas preguntas, escucha con atención e incluso toma notas porque sabe que casi cualquier persona puede aportarle una reflexión valiosa capaz de generar riqueza y de hacerle ganar más dinero.

CONSERVA TU SALUD Y TU ENERGÍA

La gente rica cuida muy bien de su salud física, se mantiene bien informada de todo aquello que puede hacer para vivir una vida más duradera, saludable y plena.

Ser exitoso exige altos niveles de energía, trabajar muchas horas, empezar antes que los demás y quedarse hasta más tarde que todos, por eso la gente rica siempre está buscando maneras de aumentar sus niveles de energía.

Un experto dijo que el bien más valioso de cualquier negocio era el tiempo de reflexión de un ejecutivo que había descansado bien. Sucede lo mismo en tu caso, tu salud también es tu activo mental más importante, pero ¿cómo puedes multiplicarla?

EL PESO ADECUADO

Tener el peso adecuado se vuelve relevante aquí. El sobrepeso se relaciona con toda una serie de problemas de salud, como el hecho de que cargar más kilos ejerce presión adicional en tu cuerpo y quema energía que podrías usar para lograr el éxito que anhelas.

La regla de cinco palabras para perder peso es muy simple: "Come menos y ejercítate más". La gente rica come alimentos nutritivos y bebe mucha agua, por eso tiene más energía, en especial energía mental que puede enfocar para obtener más y mejores resultados y para ganar más dinero.

DESCANSO ADECUADO

De acuerdo con Anders Ericsson, psicólogo de la Universidad del Estado de Florida, los atletas de élite duermen en promedio 8:46 horas cada noche. Descubrió que el máximo desempeño implica un trabajo muy duro y exige mucha energía. Uno no puede tener el mejor desempeño posible durante cierto periodo si solo duerme cinco, seis o siete horas por noche, se necesitan entre ocho y nueve horas para que el cuerpo descanse por completo y el cerebro se recargue para el día siguiente.

EJERCICIO ADECUADO

En promedio, las personas ricas hacen 200 minutos o más de ejercicio por semana, es decir unos 30 minutos al día. Se despiertan por la mañana y hacen ejercicio, caminan de un lugar a otro con más frecuencia que los otros, usan las escaleras con más frecuencia que el elevador y siempre están buscando oportunidades de mover su cuerpo.

En una ocasión, alguien me dijo: "Todas las articulaciones del cuerpo deben funcionar a la perfección todos los días", y esta afirmación ha sido el eje de mi programa personal de ejercicio durante años.

CORRE RIESGOS CALCULADOS

La gente rica está dispuesta a correr riesgos para aumentar su riqueza, sin embargo, no apuesta ni se arriesga a lo tonto, más bien practica una forma especial de "evasión de riesgos" con el objetivo de obtener ingresos mayores. Para reducir los riesgos inherentes a cualquier actividad nueva o distinta, las personas acaudaladas reúnen la mayor información posible de todas las fuentes que encuentran.

La gente rica está dispuesta a salir de su zona de confort, a crecer e intentar algo nuevo y distinto si acaso eso es lo que se necesita para obtener recompensas financieras mayores. Los ricos siempre están buscando oportunidades para aplicar su inteligencia y sus recursos, y para generar riqueza de maneras innovadoras.

Asimismo, para reducir el riesgo al invertir, los ricos trabajan con expertos, supervisan sus inversiones con detenimiento y, una vez que obtienen el dinero, se aferran a él.

TRABAJA EN REDES DE FORMA CONTINUA

La gente rica trabaja en redes todo el tiempo, siempre busca maneras de extender su red de conocidos, de personas que le pueden ayudar y a las que puede ayudar. Sin embargo, como bien dijo el barón Philippe de Rothschild: "No hagas amistades inútiles".

La gente rica no pasa su tiempo con personas que no van a ningún lado en la vida, busca a los individuos más exitosos de su comunidad y su industria, y trata de pasar más tiempo con ellos.

Asimismo, trata de mantenerse alejada de los individuos negativos que critican, repudian y se quejan. Si en algún momento una persona rica se topa con alguien que solo se queja de la vida o el trabajo, ofrece una amable disculpa y se va.

ÚNETE Y SÉ ÚTIL

Haz lo que hace la gente rica. Únete a una o dos asociaciones de negocios prestigiosas o útiles en tu campo, asiste a las reuniones, identifica a los comités más relevantes y ofrécete como voluntario para participar en uno de ellos.

Los comités más importantes de las organizaciones sin fines de lucro suelen atraer a las personas connotadas de la industria, por eso, si participas y sirves en uno de ellos, tendrás la oportunidad de conocerlas en un ambiente neutral y poco o nada amenazador. De cierta forma, lograrás tener una "entrevista" con esas personas, lo que te permitirá mostrarles, por medio de la calidad de la contribución que hagas a dicha organización, el tipo de individuo que eres.

LA CUALIDAD MÁS IMPORTANTE

Quizá la cualidad más importante de las personas ricas es su capacidad de enfocarse y concentrarse en tener un desempeño excelente, en ser cada vez mejores en el trabajo que realizan.

Al hacer un último análisis, nada te ayudará más en la vida que desarrollar la reputación de una persona a la que siempre se puede recurrir, de un individuo que es reconocido por ser el mejor en su área.

La mejor inversión que puede hacer una empresa consiste en mejorar la calidad de su producto o servicio de acuerdo con lo que sus clientes quieren y necesitan. Y, de la misma manera, la mejor inversión que una persona adinerada puede realizar será la que haga en sí misma, es decir, invertir en ser cada vez mejor en sus habilidades clave.

TU FUTURO NO TIENE LÍMITES

Nunca antes hubo tantas oportunidades como las que hay ahora para que la gente gane dinero y alcance sus metas financieras más rápido, sin embargo, no olvidemos lo que dijo Earl Nightingale: "Antes de poder tener algo más y que sea diferente, tienes que convertirte en alguien más y ser diferente".

Debido a la ley del esfuerzo indirecto, si te enfocas de manera total en desarrollar los estilos de pensamiento de la gente rica e imitas sus comportamientos cotidianos, te volverás una persona rica, tanto en el interior como en el exterior.

EJERCICIOS PARA ENTRAR EN ACCIÓN

1. Decide hoy mismo empezar a pensar y actuar como lo hace la gente rica. Practica las ideas propuestas en este capítulo. Lee entrevistas, historias y libros sobre personas que hayan tenido un éxito fabuloso y haz lo mismo que ellas.

2. Elige un hábito que creas que te puede ayudar a desarrollar la mentalidad y el autoconcepto de la gente adinerada, y trabaja en él hasta que se vuelva automático y te sea sencillo practicarlo.
3. Elige una actividad o un comportamiento del estilo de vida de la gente exitosa e incorpóralo a tu estilo de vida también. Hazlo ahora mismo.

RESUMEN

El éxito no es un accidente, tampoco el fracaso. Estás donde estás y eres lo que eres debido a ti mismo, debido a tu propia mentalidad y comportamiento.

Si quieres que tu futuro mejore en cualquier aspecto, primero debes cambiar y mejorar tu manera de pensar de acuerdo con las indicaciones que te ofrezco en este libro. Debes elegir cosas nuevas y tomar mejores decisiones.

Por suerte, todo lo que hoy eres lo aprendiste desde la infancia a partir de la práctica y de lo que te enseñaron, pero siempre puedes tomar la decisión de aprender nuevas cosas, aceptar ideas distintas, practicar comportamientos nuevos y obtener resultados diferentes.

¡Buena suerte!

SOBRE EL AUTOR

Bryan Tracy es presidente y director ejecutivo de Brian Tracy International, una empresa que se especializa en el entrenamiento y desarrollo de individuos y organizaciones. A lo largo de 30 años ha estudiado, investigado, escrito y presentado conferencias en las áreas de la economía, la historia, los negocios, la filosofía y la psicología. Es el connotado autor de numerosos libros traducidos a decenas de idiomas.

Lo puedes contactar en briantracy@briantracy.com

Esta obra se terminó de imprimir
en el mes de febrero de 2025,
en los talleres de Impresora Tauro, S.A. de C.V.
Ciudad de México.